2020
O BRASIL
NA IDADE DAS TREVAS

Editora Appris Ltda.
1.ª Edição - Copyright© 2022 do autor
Direitos de Edição Reservados à Editora Appris Ltda.

Nenhuma parte desta obra poderá ser utilizada indevidamente, sem estar de acordo com a Lei nº 9.610/98. Se incorreções forem encontradas, serão de exclusiva responsabilidade de seus organizadores. Foi realizado o Depósito Legal na Fundação Biblioteca Nacional, de acordo com as Leis nos 10.994, de 14/12/2004, e 12.192, de 14/01/2010.

Catalogação na Fonte
Elaborado por: Josefina A. S. Guedes
Bibliotecária CRB 9/870

S586b
2022
	Silva Junior, Nelson Aleixo da
	    2020 : o Brasil na idade das trevas / Nelson Aleixo da Silva Junior.
	1. ed. - Curitiba : Appris, 2022.
	    135 p. ; 21 cm.
	
	    Inclui bibliografia.
	    ISBN 978-65-250-2819-4
	
	    1. Brasil – Política e governo. 2. Democracia. 3. Bolsonarismo.
	4. Negacionismo. I. Título.
	
	                                          CDD – 320

Livro de acordo com a normalização técnica da ABNT

Appris editora

Editora e Livraria Appris Ltda.
Av. Manoel Ribas, 2265 – Mercês
Curitiba/PR – CEP: 80810-002
Tel. (41) 3156 - 4731
www.editoraappris.com.br

Printed in Brazil
Impresso no Brasil

NELSON ALEIXO DA SILVA JUNIOR

2020
O BRASIL
NA IDADE DAS TREVAS

FICHA TÉCNICA

EDITORIAL	Augusto V. de A. Coelho
	Marli Caetano
	Sara C. de Andrade Coelho
COMITÊ EDITORIAL	Andréa Barbosa Gouveia (UFPR)
	Jacques de Lima Ferreira (UP)
	Marilda Aparecida Behrens (PUCPR)
	Ana El Achkar (UNIVERSO/RJ)
	Conrado Moreira Mendes (PUC-MG)
	Eliete Correia dos Santos (UEPB)
	Fabiano Santos (UERJ/IESP)
	Francinete Fernandes de Sousa (UEPB)
	Francisco Carlos Duarte (PUCPR)
	Francisco de Assis (Fiam-Faam, SP, Brasil)
	Juliana Reichert Assunção Tonelli (UEL)
	Maria Aparecida Barbosa (USP)
	Maria Helena Zamora (PUC-Rio)
	Maria Margarida de Andrade (Umack)
	Roque Ismael da Costa Güllich (UFFS)
	Toni Reis (UFPR)
	Valdomiro de Oliveira (UFPR)
	Valério Brusamolin (IFPR)
ASSESSORIA EDITORIAL	Débora Sauaf
REVISÃO	Andréa L. Ilha
PRODUÇÃO EDITORIAL	William Rodrigues
DIAGRAMAÇÃO	Bruno Ferreira Nascimento
CAPA	Sheila Alves
COMUNICAÇÃO	Carlos Eduardo Pereira
	Karla Pipolo Olegário
LIVRARIAS E EVENTOS	Estevão Misael
GERÊNCIA DE FINANÇAS	Selma Maria Fernandes do Valle

*Aos brasileiros e às brasileiras que morreram
vítimas da covid-19 e do negacionismo.*

PREFÁCIO

Misturando realidade e ficção, o livro *2020: o Brasil na Idade das Trevas* apresenta-nos instigantes e interessantes provocações sobre a realidade em que vivemos e seu potencial na desconstrução das já frágeis liberdades democráticas que conquistamos no Brasil. O início da leitura remete-nos a fatos — reais — que soam surreais. São situações que vivemos e que parecem não caber na realidade, mas que se espraiaram, em nosso cotidiano, após a eleição de Bolsonaro. Ao mesmo tempo, a análise ficcional potencializa a já trágica realidade de ascensão da extrema-direita com traços fascistoides no Brasil, projetando um potencial desastroso de regressão social.

Assim, entre o fato e a ficção, entre o real e o surreal, entre o que é o que poderia ser, o livro conduz o leitor em um passeio pela escalada do bolsonarismo. E, ao fazê-lo, explicita as implicações imediatas na estrutura do governo e desnuda a sociabilidade violenta e autoritária que o sustenta e, ao mesmo tempo, dissemina. Discernir entre o real e a ficção, em um país em que a anticiência é revelada, em que mais de meio milhão de pessoas morreram de covid-19 sob a batuta de um presidente genocida, colocando o Brasil como o segundo país em mortes nesta pandemia, e em que as fake news proliferam e conformam corações e mentes, não é tarefa fácil, mas desafiadora.

Também é desafiador pensar, a partir de alguns elementos reais que o livro nos apresenta, ao que poderíamos chegar se não houvesse resistência e organização de segmentos da classe trabalhadora, que persistem em (re)existir e afirmar a vida como um bem inegociável. Seria hilário, se não fosse triste e desolador, reconhecer que os fatos, que poderiam ser ficção, são sustentados por uma perspectiva fundamentalista, miliciana e militarizada de um governo que, levando às últimas consequências o projeto ultraneoliberal do capital, prioriza produzir e receitar cloroquina e *kit* anticovid sem comprovação científica.

Seria só ficção imaginar que o presidente da república pensa um golpe, se não tivéssemos tido acesso, via meios de comunicação, à reunião ministerial do dia 22 de abril de 2020, que propalou bobagens, anticiência, perspectiva mercantilizante da vida e dos bens sociais e revelou o projeto de "passar a boiada". Poderia ser só um delírio ver a boiada passar nas cidades e na Amazônia se não fossem as inúmeras queimadas que destroem o patrimônio natural e ambiental do Brasil; a ampliação da fome explícita nas filas dos lixões e açougues para pegar osso e a disputa das marquises por um contingente cada vez maior de pessoas que não têm casa.

Poderia ser apenas uma imagem sátira na TV e bem distante de nós a invasão do Capitólio nos Estados Unidos, que difundiu para o mundo todo a imagem de um homem sem camisa e com um chapéu de chifre gritando contra a democracia, se não tivéssemos tido, aqui também, a "nossa" tentativa, como foi a ocupação da Esplanada dos Ministérios por um grupo autointitulado "300 do Brasil" que, entre as muitas barbaridades e atentando contra a democracia, conduziu uma marcha pela via pública em direção ao STF sob uma estética que imitava a asquerosa prática do grupo norte-americano racista/ fundamentalista Ku Klux Klan.

São muitos os elementos de realidade que os sete capítulos do livro do companheiro Nelson Junior trazem como elementos de reflexão de uma realidade que gostaríamos que fosse apenas ficção. Ao mesmo tempo, ao mesclar a realidade com fatos de ficção, isso nos instiga a pensar: e se assim fosse? A projeção de um cenário ficcional, quando estamos diante de um governo surreal, que intensifica retrocessos, retira direitos, proclama mentiras e faz odes à violência, instiga-nos a ficar atentos a um caminho que pode, caso não resistamos, tornar-se realidade.

A militarização do governo, com a ampliação massiva da participação de militares em instituições públicas, a ampliação do projeto das escolas cívico-militares, o constante desrespeito às instituições (STF, universidades etc.), a negação da ciência, o desinvestimento em políticas públicas, a perspectiva privatista e o incentivo insano ao armamento da população são alguns dos dados da realidade que podem, em um agravamento da realidade — via golpe institucional ou não —, aproximar-nos dos fatos ficcionais narrados neste livro.

Assim, nesse mergulho em que se confundem o real e a ficção, o livro desvela-nos perigosas e tenebrosas possibilidades, ao mesmo tempo que evidencia a necessidade de construir um outro caminho, e mesmo clama por ela. Aponta a importância de mobilizarmo-nos por uma outra "verdade", que não é a que está sendo narrada pelas forças políticas e ideológicas da familícia no poder. Instiga-nos a pensar o nosso lugar nessa pandemia-pandemônica que desumaniza e extermina vidas, e, também, esperanças. A criação narrativa, que desvenda a realidade ao apresentar-nos a ficção, impele-nos a recriar a vida, a reconstruir-nos e a sair do "coma para a vida".

EBLIN FARAGE

Escola de Serviço Social – PPGSSDR/UFF

23 de novembro de 2021

APRESENTAÇÃO

Certamente, o ano de 2020 foi o mais turbulento na vida das pessoas, não apenas no Brasil, mas em todo o mundo. No nosso país, além das incertezas, do sofrimento e da dor, o negacionismo e a constante ameaça de golpe político-militar foram ingredientes a mais para aumentar nossa tormenta. Os apoiadores da extrema-direita queriam aproveitar a oportunidade da pandemia para dar um golpe e construir um Estado com características neofascistas no Brasil. Desde a declaração de pandemia, o governo Bolsonaro adotou uma interpretação própria, com base em concepções negacionistas. O que seria do Brasil se as conceituações do presidente Bolsonaro a respeito da pandemia e das estratégias para enfrentar o vírus SARS-CoV-2 predominassem? Essa foi a questão que me fiz durante todo o período de isolamento, até que, em determinado momento, resolvi dar linhas às minhas angústias. Surgiu então a ideia de escrever este livro como uma obra de ficção que vislumbra um país onde prevalece a hegemonia social e política da extrema-direita.

Neste ensaio, escrito em sete capítulos, pretendo oferecer aos leitores o panorama de um Brasil pandêmico que, aos poucos, foi sendo dirigido por ideologias negacionistas. Isso posto, uso como referencial os estudos matemáticos desenvolvidos por mais de 40 cientistas do Imperial College de Londres, que estimaram a quantidade de vítimas fatais da pandemia caso o governo brasileiro não tomasse medidas efetivas para o enfrentamento da covid-19.[1] Ademais, para

---

[1] BRASIL poderá poupar até 485 mil vidas se optar por quarentena total. **CNN Brasil**, São Paulo, 29 mar. 2020. Disponível em: https://www.cnnbrasil.com.br/saude/2020/03/29/brasil-podera-poupar-ate-485-mil-vidas-se-optar-por-quarentena-total. Acesso em: 20 fev. 2021.

o desenvolvimento da narrativa deste ensaio, ao citar fatos e falas verídicas de pessoas do governo, ou de outras instâncias de poder, essas vêm sempre acompanhadas por notas de rodapé.

Inicialmente, abordo de forma breve, o surgimento da pandemia na China, e a sua chegada ao Brasil em 26 de fevereiro, bem como as primeiras medidas de prevenção orientadas pela Organização Mundial da Saúde – OMS. Além disso, exponho ainda as medidas adotadas pelos órgãos da saúde no Brasil, bem como as primeiras reações do presidente contra a política de isolamento social e da luta dos brasileiros por uma renda mínima emergencial.

Em seguida, descrevo os movimentos do presidente Bolsonaro: para ter exclusividade na definição das políticas de combate à pandemia; as iniciativas para alterar as legislações sobre os direitos indígenas, a proteção do meio ambiente e os direitos sociais dos brasileiros; e os constantes movimentos golpistas pelo fechamento do Parlamento, do STF e pela volta do voto impresso. Continuando, mostro que, sentindo-se acuado pelo STF, mas com um bom apoio e engajamento popular, Bolsonaro decidiu jogar todas as fichas: fechou o STF e destituiu todos os seus ministros. A partir desse momento, com a corte suprema subjugada, o presidente Bolsonaro conseguiu impor quase toda a sua agenda negacionista ao povo brasileiro. Como consequência disso, mostro, ainda, que essa decisão golpista teve impactos profundos em todas as áreas e foi responsável por colocar o país como celeiro para a reprodução e o surgimento de novas cepas do coronavírus, o que elevou exponencialmente a quantidade de mortos no Brasil.

Ademais, ocupo-me também da influência do presidente Bolsonaro na invasão do Capitólio nos EUA e as consequências dessa ação para o Brasil. Discuto, igualmente, as acusações de corrupção do governo federal na compra das vacinas e como a somatória de todas essas ações contribuíram para ampliar a resistência ao golpe milico-miliciano. Outrossim, verso sobre a resposta extremamente violenta do governo golpista contra o povo que reivindicava a defesa da vida e a volta da democracia.

No final, chega a *Hora da Verdade*, o momento político em que o povo está fortalecido para derrubar o governo neofascista. Por fim, enquanto milhões de pessoas *foram às ruas com a bandeira do* "Impeachment Já: por Democracia, Vida, Comida no Prato e Vacina no Braço", outros fatos se desenrolavam com outros atores, em outros locais do país, com capacidade para alterar profundamente o rumo da história no Brasil.

NELSON ALEIXO DA SILVA JÚNIOR

Setembro de 2021

SUMÁRIO

CAPÍTULO I
CORONAVÍRUS: COMBATE E NEGACIONISMO POR DENTRO DO ESTADO BRASILEIRO **17**

O começo de tudo 17

As primeiras medidas de prevenção 21

As iniciativas do Ministério da Saúde nas gestões Mandetta e Teich 25

As primeiras reações do presidente Bolsonaro contra a política de isolamento social 28

A luta por uma renda emergencial mínima 32

CAPÍTULO II
O BOLSONARISMO UNIFICA O DISCURSO E DESAFIA A DEMOCRACIA **35**

STF decide que Bolsonaro não pode impedir governos estaduais e municipais de adotarem políticas de isolamento social 35

Bolsonaro "demite" Sergio Moro e decide passar a boiada 37

O bolsonarismo ataca a democracia, mas o STF e TSE reagem 41

STF pede a retenção do celular do presidente 53

CAPÍTULO III
BOLSONARO FECHA O STF E INSTALA A DEMOCRACIA BOLSONARISTA **57**

As reações populares ao golpe bolsonarista 59

Bolsonaro recorre ao STJ pela prioridade nas ações no combate ao coronavírus 62

CAPÍTULO IV
IMUNIDADE DE REBANHO E CLOROQUINA
SUBSTITUINDO AS VACINAS..**65**

Presidente Bolsonaro determina o isolamento vertical no Brasil..................... 65

O governo brasileiro adota oficialmente o tratamento precoce em todo o país...... 68

Pazuello e Bolsonaro dificultam a aquisição de vacinas............................ 69

CAPÍTULO V
A INTENSIFICAÇÃO DA LUTA EM DEFESA DA VIDA
E DA DEMOCRACIA..**77**

Novembro de protestos, repressão e assassinatos de lideranças populares......... 77

A chegada da variante delta no Brasil e a crise do oxigênio atingindo
o Rio de Janeiro e o Ceará 82

CAPÍTULO VI
PARTICIPAÇÃO DE BOLSONARISTAS NA TENTATIVA DE
GOLPE TRUMPISTA APROFUNDA A CRISE
NO GOVERNO BOLSONARO...**87**

Milicianos bolsonaristas na invasão do Capitólio nos EUA 87

Pandemia descontrolada, povo nas ruas e crise no governo 91

CAPÍTULO VII
A HORA DA VERDADE..**105**

A história do capitão do Exército Brasileiro Jonas Wolf........................... 105

A ditadura milico-miliciana começa a desmoronar 111

O começo do fim. Será?... 117

REFERÊNCIAS...**123**

CAPÍTULO I

CORONAVÍRUS: COMBATE E NEGACIONISMO POR DENTRO DO ESTADO BRASILEIRO

O começo de tudo

O ano de 2020 começou com o jornalismo internacional destacando os casos de síndromes respiratórias aguda graves que estavam atingindo pessoas na cidade de Wuhan, na província de Hubei, China. Os relatos eram de que a doença foi identificada em 1º de dezembro, mas só em 31 de dezembro de 2019 isso foi divulgado ao público. As informações indicavam que as pessoas teriam contraído a doença em um mercado de frutos do mar de Huanan, onde também se comercializavam animais vivos. O entendimento dos cientistas era de que o consumo de animais desse mercado, provavelmente morcegos portadores do vírus, foi o ponto de partida para a epidemia na região de Wuhan. De fato, estudos realizados por pesquisadores chineses indicaram que o genoma do vírus SARS-CoV-2 guarda 96% de semelhanças com o coronavírus do morcego. Ademais, um outro animal também foi apontado como um dos possíveis transmissores do coronavírus para o homem: o pangolim. Nesse pequeno mamífero asiático, muito consumido na região, identificaram-se 90,3% de semelhanças entre o genoma do seu coronavírus com aqueles encontrados nos humanos. No entanto, os morcegos ainda são apontados como os portadores originários do coronavírus que afetou os humanos.

Ao lado dos estudos preliminares e das análises sobre as origens do coronavírus entre humanos, surgem teorias da conspiração, as quais se avolumaram, alimentando o negacionismo, o xenofobismo e a disputa comercial e de protagonismo entre as grandes potências, notadamente EUA e China. Ainda no mês de janeiro de 2020, começou a circular, nas diversas redes sociais, que o SARS-CoV-2 havia sido produzido em um laboratório da cidade de Wuhan, na China.

Nessa perspectiva, o próprio secretário de estado norte-americano, Mike Pompeo — com base em uma reportagem do *The Washington Post* apontando a troca de mensagens no ano de 2018 entre agentes de inteligência da embaixada na China e do Departamento de Estado, chamando a atenção para as fragilidades na segurança do laboratório de Wuhan na manipulação de vírus — passou a defender essa teoria, a qual foi a principal linha do governo Trump sobre a origem da doença. Entretanto, essa hipótese, até agora, foi rejeitada por agências de Inteligência e de Saúde dos EUA, bem como por organismos de saúde e por governos de diversos países e pela OMS. O consenso científico é de que o SARS-CoV-2 é de origem animal, e qualquer divergência a esse respeito deve ser apresentada com provas, fatos e evidências que levem a novos estudos e a novas conclusões. Fora disso, é fake news.

Retornando ao começo de tudo na China, em 22 de janeiro de 2020, o governo chinês colocou em quarentena três cidades da província de Hubei: Wuhan, Huanggang e Ezhou, às quais se somaram ainda várias outras, como Shanghai e Pequim, no intuito de frear o avanço da doença na região e, igualmente importante, evitar que se espalhasse pelo país. Esse período de total isolamento social perdurou até 7 de abril de 2020 na região de Wuhan, ao passo que outras cidades também saíram do isolamento na mesma época. Oficialmente, a China chegou ao final de 2020 com 87.150 casos de covid-19 e com 4.634 mortes. De toda forma, considerando que a China é uma ditadura, sem liberdade de imprensa, e com as informações fortemente controladas pelo governo, é muito provável que a quantidade de casos e de mortos pelo coronavírus seja no mínimo o triplo do que é apresentado oficialmente.

Ainda em fevereiro, a doença rompeu as barreiras da China e rapidamente se espalhou para Europa, onde a Itália foi o primeiro epicentro, mas logo atingiu Espanha, Inglaterra, França e todos os países europeus. A partir de então, o coronavírus foi a doença que mais demandou atenção dos sistemas de saúde de quase todos os países do mundo. No Brasil, a primeira notificação da doença foi na cidade de São Paulo, cuja vítima foi um homem de 61 anos que havia passado 12 dias na Itália. Dias após o retorno, ele estava com dificuldades respiratórias. Em 26 de fevereiro de 2020, ele testou positivo para o coronavírus. Porém, a primeira morte por covid-19 no Brasil aconteceu em 12 de março, vitimando uma senhora diarista de 57 anos da periferia da cidade de São Paulo.

Assim, depois de "invadir" todos os continentes e provocar milhares de mortes espalhadas pelo mundo, principalmente na Europa, somente mais de 60 dias após a oficialização do primeiro caso na China, em 11 de março de 2020, a Organização Mundial da Saúde declarou que o mundo "evoluía" de surto para uma pandemia do coronavírus. Essa é uma infecção provocada pelo vírus da Síndrome Respiratória Aguda Grave 2 (SARS-CoV-2), transmitida por meio da saliva, de espirros, da tosse e do catarro. O vírus faz uso da boca, do nariz e dos olhos como seu veículo de entrada. Além da transmissão direta pessoa/pessoa, o vírus também pode ser transmitido pelo contato com objetos e superfícies contaminadas.

Para evitar a contaminação, a orientação emanada da OMS, e referendada por todos os sistemas de saúde do mundo, era que, nas suas conversações, as pessoas deveriam guardar uma distância mínima de um metro e meio entre elas, usarem sempre máscaras ao saírem de casa e sempre lavarem as mãos com água e sabão ou com álcool 70%, líquido ou em gel. Além dessas orientações de caráter mais individual, a OMS também orientou os governos de todo o mundo a tomarem decisões com o objetivo de impedir eventos de qualquer natureza que provocassem aglomeração de pessoas; a exemplo das aulas presenciais, do funcionamento de academias, das atividades esportivas, da realização de shows, do funcionamento de shoppings etc.

Somando-se a essas orientações, as organizações internacionais da saúde, incluindo a OMS, recomendaram isolamento de 14 dias para as pessoas suspeitas ou portadoras do vírus, devendo sair da quarentena apenas quando não houver mais riscos de transmitir o covid-19.

Ademais, nos casos nos quais essas medidas tenham se demonstrado insuficientes para impedir a proliferação do vírus, a OMS e outros diversos organismos de saúde de todo mundo decidiram que seria imprescindível a adoção de uma política de isolamento social que abrangesse o conjunto da população, paralisando todos os setores que não fossem essenciais para manutenção da vida, da ordem e do funcionamento básico dos países. Essa política de isolamento social ficou conhecida em todo o mundo a partir de um termo em inglês: o *lockdown*.

Os primeiros discursos negacionistas quanto aos riscos do novo coronavírus surgiram à medida que a doença começava a se espalhar. Paralelo à declaração de pandemia pela OMS, o presidente dos EUA, Donald Trump, afirmou que o novo coronavírus era uma fantasia impulsionada pela mídia. Na esteira do presidente norte-americano, o seu colega brasileiro, Jair Bolsonaro, para não perder a oportunidade de "colar" no seu ídolo, afirmou de cara que "até o momento outras gripes mataram mais,"[2] relativizando a posição da OMS e os riscos da pandemia para o mundo e para o povo brasileiro, em um momento em que se contavam quase 120 mil pessoas infectadas pelo vírus e mais de 4 mil mortes em 114 países; em um espaço de tempo de apenas dois meses, o que demonstrava a letalidade e a rapidez com que o vírus espalhava-se pelo mundo.

---

[2] APÓS a OMS declarar pandemia, Bolsonaro volta a falar sobre coronavírus: "Outras gripes mataram mais do que essa". **Bem Estar**, Rio de Janeiro, 11 mar. 2020. Disponível em: https://g1.globo.com/bemestar/coronavirus/noticia/2020/03/11/apos-oms-declarar-pandemia-bolsonaro-volta-a-falar-sobre-coronavirus-outras--gripes-mataram-mais-do-que-essa.ghtml. Acesso em: 20 fev. 2021.

As primeiras medidas de prevenção

Logo após a OMS declarar que o mundo vivia uma situação de pandemia da covid-19, vários estados e muitos municípios brasileiros começaram a tomar medidas preventivas para evitar a propagação da doença nos seus domínios. Ainda no dia 11 de março, o governo do Distrito Federal suspendeu, por um período de cinco dias, as aulas em todas as instituições de ensino, assim como a realização de eventos, como forma de reduzir a disseminação do novo coronavírus.[3] Diante da gravidade da situação, no dia 19 de março, todos os governos dos estados já haviam determinado a suspensão das aulas em todos os níveis da educação, nas esferas públicas e privadas.[4]

Nesse momento da pandemia, o presidente brasileiro dava a impressão de ainda estar formando sua opinião sobre a gravidade da doença e acerca dos riscos concretos do coronavírus para outras esferas da sociedade. Inicialmente, o governo cobrou que a OMS declarasse pandemia no caso do novo coronavírus,[5] e no dia 12 de março, em pronunciamento oficial na TV,[6] o presidente Bolsonaro afirmou que a OMS tomou uma decisão responsável ao declarar a pandemia da covid-19. Na ocasião, o presidente ressaltou a necessidade de se evitar concentrações populares e, mesmo a contragosto, sugeriu que os atos públicos convocados por seus apoiadores para 15 de março de 2020 fossem repensados; perdendo a oportunidade de pedir peremptoriamente o cancelamento, para o bem da saúde pública.

---

[3]   IBANEIS decreta suspensão de aulas e eventos no DF por cinco dias devido ao coronavírus. **G1**, Distrito Federal, Brasília, 11 mar. 2020. Disponível em: https://g1.globo.com/df/distrito-federal/noticia/2020/03/11/ibaneis-afirma-que-vai-suspender-aulas-e-eventos-por-cinco-dias-por-conta-do-coronavirus.ghtml. Acesso em: 20 fev. 2021.

[4]   POR meio de decretos, governadores de todos os estados e do DF suspendem aulas presenciais nas IES. **ABMES**, Brasília, 19 mar. 2020. Disponível em: https://abmes.org.br/noticias/detalhe/3680/por-meio-de-decretos-governadores-de-todos-os--estados-e-do-df-suspendem-aulas-presenciais-nas-ies. Acesso em: 20 fev. 2021.

[5]   KADANUS, K. Brasil vai mudar estratégia caso coronavírus seja declarado pandemia; entenda. **Gazeta do Povo**, Curitiba, 6 mar. 2020a. Disponível em: https://www.gazetadopovo.com.br/republica/coronavirus-pandemia-oms/. Acesso em: 20 fev. 2021.

[6]   TV BRASILGOV. **Pronunciamento oficial do Presidente da República, Jair Bolsonaro**. Brasília: YouTube, 12 mar. 2020. 1 vídeo (2 min.). Disponível em: https://www.youtube.com/watch?v=bS2qiXHtMnl. Acesso em: 20 fev. 2021.

Como consequência dessa postura do presidente da República, no domingo 15 de março, apesar de um decreto do Governo do DF proibir concentração nos espaços públicos, e da orientação da OMS nesse mesmo sentido, apoiadores do presidente reuniram-se em Brasília, Rio de Janeiro, Belo Horizonte, Belém e Maceió, além de outras cidades.[7][8] Na Capital Federal, a manifestação contou com a participação de, aproximadamente, 50 mil pessoas, chegando ao número de 300 mil pessoas, quando consideradas as demais cidades. A linha política do ato, que no DF realizou-se em frente ao Parlamento Nacional, foi o enfrentamento do STF e do Congresso Nacional, com várias faixas e cartazes pedindo intervenção militar, fechamento do congresso nacional e do STF. Durante essa manifestação, o presidente Bolsonaro aproximou-se das pessoas, conversou brevemente com elas e apertou as mãos de vários populares, agindo em desacordo com as orientações da OMS e do Ministério da Saúde do seu governo, além de colocar em risco a saúde das pessoas, e a sua própria saúde. O presidente saiu da manifestação ouvindo os gritos de "Mito, Mito!".

Se, por um lado, a mobilização dos apoiadores do presidente não conseguiu levar milhões de pessoas às ruas; por outro, mesmo sendo realizada em um período de isolamento social, sob riscos de contaminação pelo coronavírus, mobilizar milhares de pessoas em Brasília e em importantes cidades brasileiras foi uma demonstração de força popular do presidente, que poderia utilizar tal potencial para avançar na sua política.

Com a progressão dos casos de contaminação por coronavírus, vários estados, capitais e cidades grandes e médias começaram a tomar atitudes mais drásticas para evitar a covid-19. Nesse sentido, a partir de 13 de março de 2020, vários estados adotaram políticas

---

[7] MANIFESTANTES fazem ato pró-governo na Esplanada dos Ministérios, em Brasília. **G1**, Distrito Federal, Brasília, 15 mar. 2020. Disponível em: https://g1.globo.com/df/distrito-federal/noticia/2020/03/15/protesto-bloqueia-transito-na-esplanada-dos--ministerios-em-brasilia.ghtml. Acesso em: 25 fev. 2021.

[8] CIDADES brasileiras têm atos pró-governo. **G1**, Política, Rio de janeiro, 15 mar. 2020. Disponível em: https://g1.globo.com/politica/noticia/2020/03/15/cidades-brasileiras-tem-atos-pro-governo.ghtml. Acesso em: 25 fev. 2021.

de isolamento social mais enérgicas,[9] incialmente para um período de sete dias e, em seguida, para 15 dias e até mesmo 30 dias, destacando-se as seguintes medidas:[10] [11] [12] [13] [14] [15] [16]

1. suspensão ou redução, em 50%, de todas as modalidades de transportes público municipal e intermunicipal;

2. suspensão de atividades não essenciais, como academias, shopping centers, restaurantes e comércios diversos, setor hoteleiro e até mesmo algumas indústrias;

---

[9] GOVERNO de SC decreta situação de emergência por causa do coronavírus. **G1**, Florianópolis, 17 mar. 2020. Disponível em: https://g1.globo.com/sc/santa-catarina/noticia/2020/03/17/governo-de-sc-decreta-situacao-de-emergencia-por-causa-do--coronavirus.ghtml. Acesso em: 25 fev. 2021.

[10] CONFIRA as medidas do decreto do governo do RJ para conter o coronavírus. **G1**, Rio de Janeiro, Rio de janeiro, 17 mar. 2020. Disponível em: https://g1.globo.com/rj/rio-de-janeiro/noticia/2020/03/17/confira-as-medidas-do-decreto-do-governo--do-rj-para-conter-o-coronavirus.ghtml. Acesso em: 25 fev. 2021.

[11] MINAS Gerais enfrenta coronavírus com medidas rápidas de combate à pandemia. **Agência Minas**, Belo Horizonte, 20 mar. 2020. Disponível em: https://www.agenciaminas.mg.gov.br/noticia/minas-gerais-enfrenta-coronavirus-com-medidas-rapidas-de-combate-a-pandemia. Acesso em: 25 fev. 2021.

[12] COVID-19: Governo de PE anuncia fechamento de comércio e serviços não essenciais. **Diário de Pernambuco**, Recife, 20 mar. 2020. Disponível em: https://www.diariodepernambuco.com.br/noticia/brasil/2020/03/covid-19-governo-de-pe-anuncia-fechamento-de-comercio-e-servicos-nao.html. Acesso em: 25 fev. 2021.

[13] CORONAVÍRUS: João Azevêdo decreta situação de emergência e cria Comitê Gestor de Crise. **Governo da Paraíba**, Notícias, João Pessoa, 13 mar. 2020. Disponível em: https://paraiba.pb.gov.br/noticias/coronavirus-joao-azevedo-decreta-situacao-de--emergencia-e-cria-comite-gestor-de-crise. Acesso em: 25 fev. 2021.

[14] PERÍODO de isolamento começa a valer nesta terça em SP e outros estados. **Exame**, São Paulo, 17 mar. 2020. Disponível em: https://exame.com/brasil/periodo-de-isolamento-comeca-a-valer-nesta-terca-no-estado-de-sao-paulo/. Acesso em: 25 fev. 2021.

[15] GOVERNO decreta quarentena em todos os municípios do Estado de São Paulo a partir da próxima terça-feira. **Cidade de São Paulo**, Notícias, São Paulo, 21 mar. 2020. Disponível em: http://www.capital.sp.gov.br/noticia/governo-decreta-quarentena--em-todos-os-municipios-do-estado-de-sao-paulo-a-partir-da-proxima-terca-feira. Acesso em: 25 fev. 2021.

[16] JOÃO Azevêdo decreta suspensão das aulas, de eventos de massa e liberação de servidores com mais de 60 para trabalhar em casa. **Governo da Paraíba**, Notícias, João Pessoa, 17 mar. 2020. Disponível em: https://paraiba.pb.gov.br/noticias/joao--azevedo-decreta-suspensao-das-aulas-de-eventos-de-massa-e-liberacao-de--servidores-com-mais-de-60-para-trabalhar-em-casa. Acesso em: 25 fev. 2021.

3. paralisação de todo o serviço público não essencial, nos âmbitos federal, municipal e estadual;

4. determinação para que os funcionários públicos com mais de 60 anos trabalhassem no sistema *home office*;

5. fechamento de todos os espaços de atividades culturais por 30 dias;

6. definição de quarentena em vários estados, a exemplo de São Paulo, com os seus 645 municípios, entre 24 de março e 7 de abril de 2020;

7. suspensão das aulas em todos os níveis da educação pública ou privada, jogos de futebol e de esportes; feiras; eventos científicos; visitas a presídios e visitas a pacientes com o covid-19;

8. paralisação das obras de construção civil;

9. orientação para o isolamento social, para o uso de máscaras e para as medidas de asseio pessoal, como lavar sempre as mãos com água e sabão ou higienizar com o uso de álcool em gel;

10. antecipação das férias escolares de toda rede pública estadual de ensino e suspensão de eventos de massa pelo prazo de 90 dias.

Isso ocorreu por todo o mês de março, com os governos estaduais, e de diversas capitais, tomando medidas de contenção da proliferação da pandemia de covid-19, destacando-se fortemente a adoção de políticas de redução da circulação das pessoas e isolamento social, como forma de evitar a proliferação do vírus SARS-CoV-2.

As iniciativas do Ministério da Saúde nas gestões Mandetta e Teich

Com a explosão da pandemia no Brasil, durante o mês de março de 2020, coube ao médico e ex-deputado federal Luiz Henrique Mandetta, então ministro da Saúde, a tarefa de determinar as primeiras ações de prevenção e controle da doença no Brasil. No conjunto dessas iniciativas, o ministro não apenas apoiou firmemente as medidas de distanciamento social determinadas pelos governos estaduais,[17] como também orientou as pessoas a ficarem em suas casas como forma de reduzir a circulação de pessoas, e, consequentemente, do coronavírus. Mandetta também defendia publicamente a gravidade da situação, ao passo que fazia críticas genéricas às pessoas que tinham posturas negacionistas. Ademais, o então ministro concedeu várias entrevistas criticando a participação de pessoas em carreatas demandando a reabertura do comércio,[18] orientou a população a usar máscaras de tecido[19] e, ainda, o ex-ministro se recusava a estabelecer protocolo para utilização da hidroxicloroquina no tratamento inicial da covid-19.[20] Por fim, após um mês de desencontros com o presidente Jair Bolsonaro, no dia 16 de abril, Henrique Mandetta é demitido do comando do Ministério da Saúde.

Logo após a saída de Mandetta, o presidente da República indicou, para o seu lugar, o oncologista Nelson Teich, um defensor

---

[17] MANDETTA orienta população a manter distanciamento social. **R7**, Saúde, Brasília, 30 mar. 2020. Disponível em: https://noticias.r7.com/saude/mandetta-orienta-populacao-a-manter-distanciamento-social-30032020. Acesso em: 27 fev. 2021.

[18] CONTRARIANDO Bolsonaro, Mandetta incentiva pessoas a ficarem em casa. **Correio Braziliense**, Brasília, 28 mar. 2020. Disponível em: https://www.correiobraziliense.com.br/app/noticia/brasil/2020/03/28/interna-brasil,840958/contrariando-bolsonaro-mandetta-incentiva-pessoas-a-ficarem-em-casa.shtml. Acesso em: 27 fev. 2021.

[19] MINISTRO Mandetta orienta uso de máscaras de proteção. **UOL**, Brasil Urgente, São Paulo, 4 abr. 2020. Disponível em: https://www.band.uol.com.br/noticias/brasil-urgente/videos/ministro-mandetta-orienta-uso-de-mascaras-de-protecao-16782462. Acesso em: 27 fev. 2021.

[20] MANDETTA rejeita decreto para cloroquina e pede que médicos "convençam pares". **CNN BRASIL**, Saúde. São Paulo, 6 abr. 2020. Disponível em https://www.cnnbrasil.com.br/saude/2020/04/07/mandetta-rejeita-decreto-para-cloroquina-e-pede-que-medicos-convencam-pares. Acesso em: 27 fev. 2021.

do isolamento social horizontal no combate ao coronavírus. Na sua curta gestão no Ministério da Saúde, com os casos de covid-19 em ascensão no Brasil, Nelson Teich, além de descartar a flexibilização do distanciamento social, ainda assegurou a necessidade de tomar medidas diferenciadas de acordo com cada unidade da federação.[21] Da mesma forma, o ministro Teich apoiou a ampliação do isolamento social determinada pelos estados de São Paulo, Rio de janeiro e Amazonas, a fim de frear o aumento das mortes e das contaminações do novo coronavírus. Igualmente, no início de maio de 2020, o ministro já admitia que o Brasil poderia ultrapassar o número de mil mortes por dia e, devido a isso, possivelmente as medidas de flexibilização já anunciadas por alguns estados poderiam ser canceladas.[22]

Na gestão do Ministério, Nelson Teich, assim como seu antecessor, era sempre cobrado sobre o uso da cloroquina ou da hidroxicloroquina para o tratamento da covid-19. Logo no início da sua missão, evitava respostas mais conclusivas, mas demonstrava discordância quanto a essa prescrição. Porém, não retardou muito para o então ministro demonstrar, de forma incisiva, sua opinião. Em 12 de maio de 2020, o ministro da Saúde, Nelson Teich, chamou a atenção para o fato de que os pacientes com covid-19 deveriam ter ciência dos riscos e assinar um "Termo de Consentimento" antes do início do tratamento com cloroquina.[23]

O uso da cloroquina no Brasil foi previsto em protocolo do Ministério da Saúde, publicado na gestão do ministro Mandetta, com indicação para pacientes em estado grave da covid-19.

---

[21] TEICH defende isolamento e diz que covid-19 está em "franca ascendência". **Poder 360**, Brasília, 30 abr. 2020. DISPONÍVEL em: https://www.poder360.com.br/coronavirus/teich-defende-isolamento-e-diz-que-covid-19-esta-em-franca-ascendencia/. Acesso em: 27 fev. 2021.

[22] TEICH defende ampliar isolamento em SP, RJ e Am e fala em até mil mortos/dia. **Isto é-Dinheiro**, São Paulo, 1 maio 2020. Disponível em: https://www.istoedinheiro.com.br/teich-defende-ampliar-isolamento-em-sp-rj-e-am-e-fala-em-ate-mil-mortos-dia/. Acesso em: 27 fev. 2021.

[23] PACIENTE deve entender riscos ao autorizar uso de cloroquina, diz Teich. **UOL**, Coronavírus, São Paulo, 12 maio 2020. Disponível em: https://noticias.uol.com.br/saude/ultimas-noticias/redacao/2020/05/12/teich-cloroquina.html. Acesso em: 27 fev. 2021.

Porém, o presidente Bolsonaro ampliou a pressão para que o ministro Nelson Teich mudasse o protocolo para permitir o uso da cloroquina para os casos leves de coronavírus. Diante dessa pressão, Teich não teve alternativa senão pedir demissão do cargo de Ministro da Saúde, em 15 de maio, após 29 dias no cargo.[24]

Em 16 de maio de 2020, quando o Brasil já contabilizava 529.405 casos do novo coronavírus (SARS-CoV-2), e a triste marca de 30.058 mortes, o general Eduardo Pazuello assume interinamente o Ministério. Porém, após quatro meses de interinidade, em 16 de setembro, ele toma posse oficialmente como ministro da Saúde.

Ainda no mês de maio, logo na largada, o novo ministro, que não tinha uma identidade profissional a zelar, ao contrário dos seus predecessores, atende o presidente Bolsonaro, e no dia 20/05, divulga novo protocolo para uso da cloroquina por pacientes com infecção em estado leve, moderado e grave da covid-19, mesmo inexistindo comprovação científica de eficácia do medicamento.[25]

Esse ato de Pazuello, criando o "protocolo do tratamento precoce", com cloroquina e azitromicina, entre outros, foi a base para a política de isolamento vertical que passou a ser difundida pelo governo Bolsonaro. A partir desse ato, o presidente ampliou suas iniciativas com vistas a barrar a política de isolamento social, de toda a população, determinada pelos governadores estaduais, substituindo-a por uma modalidade de isolamento que deveria atingir apenas as pessoas idosas e aquelas portadoras de comorbidades. Como consequência disso, a população "saudável" economicamente ativa estaria livre para voltar ao cotidiano de trabalho e, igualmente, as escolas, clubes e academias poderiam voltar a funcionar normalmente.

---

[24] APÓS 29 dias no cargo, Nelson Teich pede demissão do Ministério da Saúde. **CNN Brasil**, Brasília, 15 maio 2020. Disponível em: https://www.cnnbrasil.com.br/politica/2020/05/15/nelson-teich-pede-demissao-do-ministerio-da-saude. Acesso em: 27 fev. 2021.

[25] GOVERNO muda protocolo e autoriza hidroxicloroquina para casos leves de Covid-19. **CNN Brasil**, Brasília, 20 maio 2020. Disponível em: https://www.cnnbrasil.com.br/saude/2020/05/20/governo-muda-protocolo-e-autoriza-hidroxicloroquina-para-casos-leves-de-covid-19. Acesso em: 27 fev. 2021.

As primeiras reações do presidente Bolsonaro contra a política de isolamento social

Desde o início da pandemia, a postura do governo brasileiro foi de negar os riscos do SARS-CoV-2 para a saúde e a vida das pessoas. Em 11 de março de 2020, no mesmo dia em que a OMS declarava estado de pandemia para a covid-19, o presidente Bolsonaro afirmou que a crise do coronavírus seria uma fantasia propagada pela mídia e, na tentativa de reduzir o seu potencial de risco futuro, lembrou que outras gripes já mataram mais pessoas do que o coronavírus.

No dia 24 de março de 2020, ao discursar em cadeia nacional, Bolsonaro criticou duramente as medidas de isolamento social defendidas por virologistas, infectologistas e autoridades médicas e sanitárias de todo o mundo, inclusive pelo seu próprio ministro da Saúde, como método mais eficiente para proteger as pessoas da contaminação e evitar a disseminação da covid-19. No seu pronunciamento, o presidente comparou a covid-19 a uma "gripezinha."[26] Na sua avaliação, outros vírus foram capazes de matar muito mais brasileiros, mas não despertaram tantas comoções. Assim, adotar as políticas de isolamento social não resolveria o problema, mas iria provocar crise econômica, gerar desemprego e conflitos sociais.[27, 28]

As reações negativas do presidente ao isolamento social foram constantes durante todo o ano de 2020. Ainda no primeiro semestre, com os casos de contaminação em alta, o presidente insistia em se posicionar sempre contra o isolamento, o que influenciava

---

[26] PLANALTO. **Pronunciamento do presidente da República, Jair Bolsonaro (24/03/2020)**. Brasília: YouTube, 24 mar. 2020. 1 vídeo (4 min.). Disponível em: https://www.youtube.com/watch?v=Vl_DYb-XaAE. Acesso em: 27 fev. 2021.

[27] BOLSONARO volta a criticar isolamento social para combater expansão do coronavírus. **G1**, Jornal Nacional, Rio de Janeiro, 23 mar. 2020. Disponível em: https://g1.globo.com/jornal-nacional/noticia/2020/03/25/bolsonaro-volta-a-criticar-isolamento-social-para-combater-expansao-do-coronavirus.ghtml. Acesso em: 3 de mar. 2021.

[28] BOLSONARO volta a criticar isolamento social e enfrenta panelaço. **Rede Brasil Atual**, São Paulo, 31 mar. 2020. Disponível em: https://www.redebrasilatual.com.br/politica/2020/03/bolsonaro-volta-a-criticar-isolamento-social-e-enfrenta-panelaco/. Acesso em: 3 mar. 2021.

negativamente a população na adesão às medidas protetoras de combate à pandemia. Segundo Bolsonaro, seria inútil implementar o isolamento social, pois seria impossível evitar a contaminação de 70% da população brasileira. De acordo com o presidente *"Devemos falar ao povo: calma, tranquilidade. 70% será contaminado".*[29] Ou seja, a maior autoridade da República sustentava que expor os brasileiros ao vírus seria a melhor forma de enfrentar a pandemia, estratégia essa conhecida como busca pela "imunidade de rebanho".

Para Bolsonaro, não era possível evitar o problema, e, como consequência dessa análise, ele banalizava as mortes dos brasileiros pelo coronavírus. Ainda em março de 2020, ele afirmou que "essa é uma realidade, o vírus tá aí. Vamos ter que enfrentá-lo, mas enfrentar como homem, porra, não como um moleque. Vamos enfrentar o vírus com a realidade. É a vida. Todos nós iremos morrer um dia".[30] Para o presidente, o Brasil precisava deixar de ser um "país de maricas" e enfrentar o vírus de peito aberto.[31]

O presidente Jair Bolsonaro partia de uma concepção, bancada por importante fatia do PIB brasileiro, segundo a qual a economia não poderia parar, pois isso seria uma vantagem competitiva para o Brasil em um momento no qual o mundo estava estagnado. Nesse sentido, seria fundamental manter as pessoas trabalhando, produzindo, mesmo que isso significasse riscos para suas vidas. Com esse objetivo, era necessário desacreditar a política de isolamento social, sob o argumento de que essa só provocaria mais desemprego, atingindo principalmente as pessoas mais pobres.

---

[29] BOLSONARO repete que 70% pegarão coronavírus; cientistas estimam 1,8 milhão de mortes se isso ocorrer. **G1**, Bem-estar, Rio de Janeiro, 15 maio 2020. Disponível em: https://g1.globo.com/bemestar/coronavirus/noticia/2020/05/12/bolsonaro-repete-que-70percent-pegarao- coronavirus-cientistas-estimam -18-milhao-de-mortes-se-isso-ocorrer.ghtml. Acesso em: 3 mar. 2021.

[30] TODOS nós vamos morrer um dia: veja falas de Bolsonaro sobre o coronavírus. **UOL**, São Paulo, 1 maio 2020. Disponível em: https://noticias.uol.com.br/saude/ultimas-noticias/redacao/2020/05/01/todos-nos-vamos- morrer-um-dia-as-frases-de-bolsonaro -durante-a-pandemia.htm. Acesso em: 3 mar. 2021.

[31] BRASIL tem de deixar de ser "país de maricas" e enfrentar pandemia "de peito aberto", diz Bolsonaro. **G1,** Política, Brasília, 10 nov. 2020. Disponível em: https://g1.globo.com/politica/noticia/2020/11/10/bolsonaro-diz- que-brasil-tem-de-deixar-de-ser-pais-de--maricas-e-enfrentar- pandemia-de-peito-aberto.ghtml. Acesso em: 3 mar. 2021.

Para evitar essa dura realidade, ao invés de ficar isolados em casa, as pessoas deveriam voltar a trabalhar imediatamente.[32]

Essa postura do presidente Bolsonaro de defender o fim do isolamento social era suportada por uma outra, ainda mais danosa para a população. A princípio, o uso da cloroquina ou hidroxicloroquina, como medicações que poderiam evitar ou atenuar os efeitos do SARS-CoV-2 no organismo dos pacientes,[33] evitando estados graves da doença e, consequentemente, liberando-os para o trabalho. A orientação do chefe do Executivo era a de que as pessoas deveriam sair para trabalhar e tocar as suas vidas normalmente. Essa postura de Bolsonaro foi fortalecida quando, em 20 de maio de 2020, o novo protocolo do Ministério da Saúde indicou o uso da cloroquina para pacientes em todas as fases da doença, mesmo no período inicial.

Entretanto, é importante salientar que, no início da pandemia, essas medicações eram vistas como promissoras para o tratamento da doença e, devido a isso, a OMS incentivou estudos científicos para comprovar a eficácia dessas medicações para posterior utilização na população em geral. Apenas no Brasil, o Ministério da Saúde chegou a acompanhar nove pesquisas sobre a eficácia desse medicamento. Posteriormente, em julho de 2020, os estudos comprovaram a ineficácia da cloroquina e da hidroxicloroquina para o tratamento da covid-19 e, além disso, concluíram que seu uso poderia provocar sérios riscos à saúde dos pacientes.[34]

Apesar disso, mesmo antes da divulgação dos resultados dessas pesquisas, o presidente já havia tomado a decisão de defender publicamente

---

[32] BOLSONARO diz que isolamento social contra coronavírus foi "inútil". **Correio Braziliense**, Política, Brasília, 30 abr. 2020. Disponível em: https://www.correiobraziliense. com.br/app/noticia/politica/2020/04/30/interna_politica,850258/bolsonaro -diz-que- -isolamento-social-contra-coronavirus -foi-inutil.shtml. Acesso em: 3 mar. 2021.

[33] EM PRONUNCIAMENTO, Bolsonaro defende uso da cloroquina para tratamento do coronavírus. **G1**, Jornal Nacional, Rio de Janeiro, 8 abr. 2020. Disponível em: https:// g1.globo.com/jornal-nacional/noticia/2020/04/08/em-pronunciamento -bolsonaro- -defende-uso-da-cloroquina-para- tratamento-do-coronavirus.ghtml. Acesso em: 3 mar. 2021.

[34] COVID-19: OMS encerra estudos com hidroxicloroquina. **ICTQ**, São Paulo, 3 jul. 2020. Disponível em: https://www.ictq.com.br/politica-farmaceutica/1746- covid-19-oms- -encerra-estudos- com-hidroxicloroquina. Acesso em: 5 fev. 2021.

o seu uso pela população e não mudou de opinião apesar de a ciência apontar sua ineficácia. Em 4 de julho de 2020, Bolsonaro afirmou que enquanto a vacina não chegasse, a única alternativa era o uso da cloroquina. Assim, para incentivar o uso dessa medicação, alguns dias depois, o presidente que estava diagnosticado com covid-19 na época, tomou pílulas da medicação ao vivo, durante sua *live* em uma rede social e afirmou que já se sentia melhor em comparação aos dias anteriores.[35]

Essa insistência do presidente Bolsonaro com uma medicação que ainda estava em fase de estudos e, em seguida, teve comprovada sua ineficácia, era algo que só encontrava explicação pela sua negação da doença. Nessa aventura com a cloroquina, até o Exército Brasileiro foi envolvido, quando, em março de 2020, Bolsonaro ordenou que o setor farmacêutico das forças armadas ampliasse a produção de comprimidos. Como consequência disso, ao final do ano, o laboratório militar havia produzido 3.229.910 comprimidos de cloroquina 150 mg, o que significava 12 vezes mais do que a produção habitual.[36]

Assim, defendendo a bandeira de que a economia não poderia parar, gerando desemprego e quebrando o país, Bolsonaro afirmava que seria possível fazer um isolamento vertical no qual as pessoas acima de 60 anos e aquelas com comorbidades ficariam em casa, em trabalho remoto, enquanto as demais levariam uma vida normal trabalhando e curtindo a vida, garantindo que, apesar do risco da maioria se contaminar com a covid-19, o governo disponibilizaria cloroquina para todos, evitando que a doença se complicasse. O presidente da República conseguiu o inesperado: que milhares de brasileiros passassem a apoiar o fim do isolamento social e que centenas desses, em sua maioria de classe média alta, saíssem em carreatas às ruas das capitais de vários estados, o que posteriormente

---

[35] NÃO recomenda? 6 vezes que Bolsonaro defendeu uso da cloroquina. **Correio Brasiliense**, Política, Brasília, 16 jul. 2020. Disponível em: https://www.correiobraziliense. com.br/app/noticia/politica/2020/07/16/interna_ politica,872688/nao- recomenda- -6-vezes-que-bolsonaro- defendeu-uso-da- cloroquina.shtml. Acesso em: 5 fev. 2021.

[36] **LABORATÓRIO do exército produziu 12 vezes mais cloroquina que o normal em 2020. Carta Capital**, São Paulo, 2 jun. 2021. Disponível em: https://www.cartacapital.com. br/politica/laboratorio-exercito -producao-cloroquina-2020/. Acesso em: 2 jun. 2021.

se transformou em atos públicos com a presença de pessoas de todos os estratos sociais, potencializando ainda mais a letalidade do vírus.

A luta por uma renda emergencial mínima

Com a declaração de pandemia pela OMS e a política de isolamento social determinada pela maioria dos países, os governos adotaram políticas de auxílios financeiros para garantir a manutenção das pessoas, bem como assumiram um percentual da folha de pagamentos de algumas empresas e, ainda, abriram um pacote de financiamento para ajudar as empresas a pagarem dívidas que venceriam no período de paralisação das atividades produtivas.

No Brasil, no que se refere à proteção aos brasileiros mais vulneráveis, trabalhadores informais, subempregados e desempregados, o governo Bolsonaro apresentou uma proposta de um auxílio financeiro de R$ 200,00, o qual deveria ser pago por um período de três meses, para 38 milhões de brasileiros, com um custo de R$ 5 bilhões ao mês para o tesouro nacional. Esse valor foi definido tendo como parâmetro o programa Bolsa Família, cujo valor máximo varia de acordo com a quantidade de filhos. Para receber o auxílio, as pessoas não deveriam ter trabalho com carteira assinada, ser integrantes do programa Bolsa Família nem tampouco estarem inscritas no BPC – Benefício de Prestação Continuada (destinado a idosos com mais de 65 anos e pessoas com deficiência),[37] além de ter uma renda familiar mensal de no máximo três salários mínimos.

Durante os debates para a aprovação do auxílio emergencial no Congresso Nacional, parlamentares da bancada de oposição propuseram elevar esse valor para R$ 500 ou até mesmo R$ 600, mas o governo não aceitou modificar sua propositura. Assim, em 30 de março de 2020, os parlamentares aprovaram a proposta governista por uma maioria de 10 votos, instituindo um auxílio emergencial de R$ 200,00 para os brasileiros em estado de vulnerabilidade extrema na pandemia.

---

[37] GUEDES anuncia auxílio de R$ 200 mensais a trabalhadores informais. **R7**, Coronavírus, Brasília, 18 mar. 2020. Disponível em: https://noticias.r7.com/brasil/guedes-anuncia-auxilio-de-r-200- mensais- a-trabalhadores- informais -18032020. Acesso em: 25 abr. 2021.

Durante o mês de abril, apesar dos decretos dos governos estaduais para o isolamento social da população, era comum encontrar concentração de pessoas pedindo ajuda nos postos de gasolinas, entradas de farmácias, supermercados, padarias e feiras livres, além dos sinais de trânsito, nas grandes e médias cidades do Brasil. Nesse mês, a fome se intensificou no país e várias organizações da sociedade civil, como sindicatos, associações, clubes, igrejas, centros espíritas, grupos de jovens etc., ampliaram os pedidos de contribuição por meio das redes sociais, para viabilizarem programas de distribuição de cestas básicas às pessoas mais necessitadas. Ainda em abril, começaram a ocorrer alguns saques a comércios e a caminhões que transportavam alimentos pelo interior do Brasil.

No início do mês de maio, as pessoas começaram a receber a 1ª parcela do auxílio emergencial de R$ 200,00. Como efeito dessa assistência financeira, na primeira quinzena do mês, foram reduzidas pela metade as denúncias de saques a feiras e a supermercados. Porém, infelizmente, como previsto, esse valor era insuficiente para garantir o essencial à sobrevivência das pessoas, o que trouxe como consequência uma elevação na quantidade de saques, assim como o retorno dos trabalhadores informais às ruas, às praças e à proximidade dos mercados públicos da maioria das cidades brasileiras.

A ampliação dos saques e o retorno de parte dos trabalhadores informais às ruas trouxeram como consequência, por um lado, uma reação das empresas distribuidoras de alimentos e dos caminhoneiros, negando-se a transportar os produtos sem condições de segurança para as cargas, mas, também, para os trabalhadores, que, muitas vezes, eram vítimas de roubo dos veículos. Por outro lado, como muitos trabalhadores informais abandonaram o isolamento social para conseguir sobreviver, aumentando a circulação de pessoas nas médias e nas grandes cidades brasileiras, isso provocou um aumento no número de contaminação e de mortes por coronavírus no Brasil.

A partir daí, o que se viu foi o aumento da fome e do flagelo no interior do país, principalmente nas regiões Norte e Nordeste. Para buscar resolver o problema do desabastecimento, o governo federal colocou o exército para fazer essa distribuição para as cidades polos de cada região dos estados, cabendo à Polícia Militar dar a segurança para caminhões levarem as cargas para as demais cidades.

Ao mesmo tempo, o presidente Bolsonaro continuava defendendo o fim do isolamento social, argumentando que estava levando as pessoas à fome, à miséria e à morte. Em apoio ao presidente, centenas de pessoas começaram a realizar carreatas e atos públicos nas principais cidades brasileiras pedindo o fim do isolamento social. Um dos fatos mais grotescos desse período foi quando trabalhadores do comércio da cidade de Campina Grande, no interior da Paraíba, foram pressionados por líderes lojistas a ficarem de joelhos, em uma das ruas mais tradicionais do comércio da cidade, e fazerem orações e louvores pelo fim do isolamento social e pela garantia de seus empregos.[38] Outra pauta fortemente enfatizada nesses atos, em todo o Brasil, era a defesa do fechamento do Congresso Nacional, do STF (Supremo Tribunal Federal) e a decretação de um novo ato institucional, nos moldes do AI-5, decretado na ditadura militar que se iniciou em 1964.

Segundo o presidente Bolsonaro, o Brasil distribuía um auxílio emergencial possível, pois não existiam condições financeiras para fazer mais. Exatamente por isso, as pessoas abaixo dos 60 anos deveriam adotar um tratamento precoce, fazendo uso principalmente de cloroquina e de ivermectina, romper o isolamento social e retomar seus empregos ou outras atividades laborais.

Com tudo isso, o país chegou ao início de junho de 2020 com 800 mil casos de covid-19 e com mais de 50 mil mortos. Esses dados são o resultado do afrouxamento do isolamento social incentivado pelo governo Bolsonaro. Porém, a retórica do presidente é totalmente diferente. Para ele, a quantidade de casos da covid-19 e mortes, entre os brasileiros, é a confirmação da ineficácia do isolamento social.

---

[38] EMPRESÁRIOS obrigam trabalhadores a se ajoelharem em protesto contra quarentena na PB. **Brasil de Fato**, João Pessoa, 28 abr. 2020. Disponível em: https://www.brasildefato.com.br/2020/04/28/na-pb-empresarios- protestam-contra-quarentena-e-obrigam- trabalhadores-a-se-ajoelhar. Acesso em: 30 mar. 2021.

CAPÍTULO II

O BOLSONARISMO UNIFICA O DISCURSO E DESAFIA A DEMOCRACIA

STF decide que Bolsonaro não pode impedir governos estaduais e municipais de adotarem políticas de isolamento social

No Brasil, a pandemia da covid-19 é marcada pelo negacionismo do governo brasileiro. Com o reconhecimento da pandemia pela OMS e por causa da experiência que vinha da China, a orientação, desde o início, foi para a adoção de políticas de isolamento social, além de ações de cuidados pessoais e de higiene como formas de barrar o avanço do vírus em termos planetários. Nesse sentido, políticas de distanciamento social sempre foram apontadas como as mais eficientes para combater uma doença para a qual não havia vacinas ou remédios. A indicação era para que as pessoas mantivessem um distanciamento mínimo de um metro e meio uma das outras. Nos casos crescentes de contaminação, recomendava-se o isolamento social horizontal, com todas as pessoas reclusas em suas casas, com sugestão de trabalho em home-office. Quando a circulação do vírus estivesse em um patamar de elevado perigo de contaminação coletiva, a orientação era parar todas as atividades econômicas, exceto aquelas verdadeiramente essenciais, de forma que as pessoas só sairiam de casa com autorização dos órgãos dos governos.

No Brasil, como vimos anteriormente, com a confirmação inicial dos casos de coronavírus, os governos estaduais, das capitais dos estados e das maiores cidades, adotaram imediatamente políticas de isolamento social horizontal, com vistas a impedir a propagação do vírus. Rapidamente, os metrôs, os ônibus e as balsas pararam de circular nas cidades brasileiras; escolas e universidades fecharam as portas e o setor de comércio e o de serviços pararam de funcionar. Se, por um lado, essas medidas atingiram parcialmente o objetivo proposto, e o vírus não se expandiu descontroladamente no Brasil; por outro, após 45 dias do início da pandemia, segundo o monitoramento da universidade norte-americana Johns Hopkins, nosso país ocupava a 11ª posição em quantidade de casos de covid-19 no mundo.[39]

Esses dados eram utilizados pelo governo federal de uma forma ou de outra para justificar suas leituras obtusas sobre a pandemia no Brasil. Assim, por um lado, o presidente Bolsonaro afirmava que o coronavírus no Brasil estava sobre controle e, por outro, dizia que o isolamento social não tinha efeito algum, pois os casos continuavam progredindo.

Com base em uma concepção néscia sobre a pandemia e suas consequências para a saúde e a vida da população, o governo Bolsonaro editou a Medida Provisória 926/2020, que entre outras iniciativas, impedia que govenadores e prefeitos tomassem decisões para enfrentamento da covid-19, a exemplo de isolamento social, fechamento de comércio, entre outras restrições.[40] Essa iniciativa do governo foi entendida, pela classe política, como uma tentativa do presidente de assumir totalmente o controle das ações de enfrentamento da pandemia e, por conseguinte, suspender as iniciativas de isolamento social e o uso de máscaras pelas pessoas em ambientes abertos.

---

[39] BRASIL aparece entre os 10 países com mais mortes por Covid-19, mostra levantamento. **G1**, Bem-estar, Rio de Janeiro, 27 abr. 2020. Disponível em: ttps://g1.globo. com/bemestar/coronavirus/noticia/2020/04/27/brasil-aparece-entre-os-10 -paises-com-mais-mortes-por- covid-19-mostra -levantamento.ghtml. Acesso em: 30 mar. 2021.

[40] DECISÃO do STF sobre isolamento de estados e municípios repercute no Senado. **Senado Notícias**, Brasília, 16 abr. 2020. Disponível em: https://www12.senado.leg. br/noticias/materias/2020/04/16/decisao-do -stf-sobre-isolamento-de-estados-e- -municipios- repercute-no-senado. Acesso em: 30 mar. 2020.

Nessa perspectiva, após provocado pelo PDT, por meio de uma Ação Direta de Inconstitucionalidade (ADI- 6.341) em relação à MP 926/2020, bem como pela OAB em uma Arguição de Descumprimento de Preceito Fundamental (ADPF) 672, contra atos omissivos e comissivos do Poder Executivo Federal, realizados durante a pandemia, o STF, por intermédio do ministro Alexandre de Moraes, decidiu que os estados e os municípios poderiam regulamentar medidas de isolamento social e fechamento do comércio, entre outros, mas não impediu o governo federal de iniciativas nesse mesmo domínio.[41]

A partir dessa decisão do STF, o presidente da República passou a usar o argumento de que nada poderia fazer para enfrentar a pandemia da covid-19, pois as iniciativas cabiam apenas aos governos estaduais e às prefeituras. De acordo com o presidente, a suprema corte estava querendo governar no seu lugar, pois sempre que suas decisões eram questionadas, os ministros da Corte decidiam na perspectiva dos questionadores. Nesse mesmo diapasão, o presidente fazia falas diárias, no seu "cercadinho" (espaço em frente ao Palácio da Alvorada), criticando o STF, que, segundo ele, contribuía apenas para prejudicar o país.

Assim, com um presidente que não priorizava o cuidado com a vida das pessoas, as ações de combate à pandemia se limitavam aos governos estaduais e municipais, os quais enfrentavam resistências cada vez maiores de parte da população que descumpria as medidas de isolamento e de distanciamento social, além de não respeitarem o uso de máscaras. Como resultado disso, os dados de contaminação e de morte pelo coronavírus continuaram em plena ascensão.

Bolsonaro "demite" Sergio Moro e decide passar a boiada

O mês de abril de 2020 foi de muito tensionamento no núcleo político do governo Bolsonaro. Houve as investigações do esquema das "rachadinhas" de Flávio Bolsonaro no período em que foi

---

[41] MINISTRO assegura que estados, DF e municípios podem adotar medidas contra pandemia. **Portal STF**, Brasília, 8 abr. 2020. Disponível em: https://portal.stf.jus.br/noticias/verNoticiaDetalhe.asp?idConteudo= 441075&ori=1. Acesso em: 30 mar. 2021.

deputado estadual do Rio de Janeiro, com a crescente comprovação do envolvimento de Fabrício Queiroz, acusado de ser o operador do esquema, com a família presidencial; as investigações do inquérito das fake news, o qual teve início em março de 2019, já com vários mandados de busca e apreensão executados em vários estados, além de prisões de blogueiros e de apoiadores do presidente. Além disso, houve a abertura, no STF, de inquérito para investigar os atos antidemocráticos. Tudo isso acendeu a luz amarela no gabinete presidencial, que não aceitava as seguidas derrotas na esfera judicial.

Diante desse cenário, o presidente realizou uma semana de reuniões individuais com ministros do núcleo decisivo do governo, com o objetivo de construir saídas para o quadro que se apresentava. Após essas conversas, o presidente marcou uma reunião com vários ministros para definir a nova linha política para uma conjuntura que apontava a necessidade de relativizar os riscos da pandemia e de enfrentamentos com as demais instituições democráticas que não aceitavam as seguidas imposições e arroubos autoritários de seu governo. Para o presidente, era necessário dobrar o Congresso e o Supremo Tribunal Federal.

Nesse sentido, no dia 22 de abril de 2020, o presidente Bolsonaro realizou uma reunião com a presença de vários ministros do seu governo, na qual se pretendia discutir várias questões desde a gestão da Polícia Federal até o STF, passando pelas terras indígenas e pelo meio-ambiente. Em uma reunião bastante polêmica, o então ministro do Meio Ambiente — do núcleo ideológico do governo — deu o tom do que seria aquele encontro. Em um contexto de adversidades em vários setores, e enfrentando resistência ao seu projeto totalitário por parte do Supremo Tribunal Federal, o ministro Ricardo Salles apontou o caminho a seguir:

> Precisa ter o esforço nosso aqui enquanto estamos nesse momento de tranquilidade no aspecto de cobertura de imprensa, porque só fala de covid, e ir passando a boiada, ir mudando todo o regramento e simplificando normas, de Iphan, de Ministério

da Agricultura, Ministério do Meio Ambiente, ministério disso, ministério daquilo.[42]

Empolgado, e continuando nessa mesma linha política, o ministro da Educação, Abraham Weintraub, defendeu a prisão dos ministros do Supremo Tribunal Federal:

> [...] Eu, por mim, botava esses vagabundos todos na cadeia. Começando no STF. E é isso que me choca. Era só isso presidente, eu ... eu ... realmente acho que toda essa discussão de "vamos fazer isso", "vamos fazer aquilo", ouvi muitos ministros que vi, chegaram, foram embora. Eu percebo que tem muita gente com agenda própria. Eu percebo que tem, assim, tem o jogo que é jogado aqui, mas eu não vim pra jogar o jogo. Eu vim aqui pra lutar. E eu luto e me ferro.[43]

Essa reunião ministerial também ficou marcada pelas divergências entre o presidente e o seu então ministro da Justiça, Sérgio Moro. De acordo com Moro, o presidente pretendia interferir diretamente na PF para ter acesso a informações sigilosas de investigações sensíveis.

Assim, depois de cinco horas de discussões, o presidente Jair Bolsonaro apresentou sua opinião sobre o que deveria mudar imediatamente e o que poderia ser construído no curto e médio prazo, mas afirmou que não tomaria nenhuma decisão naquele dia. Iria avaliar as melhores saídas e só depois tomaria as decisões. Entretanto, já marcou uma reunião de trabalho com o ministro da Justiça para o final da tarde do dia seguinte.

No horário agendado, começou a reunião entre o presidente e o seu ministro da Justiça. O presidente Bolsonaro disse para o então

---

[42] PARA SALLES, governo deveria aproveitar atenção da imprensa no coronavírus para ir "passando a boiada" no Ministério do Meio Ambiente. **JC**, Recife, 22 maio 2020. Disponível em: https://jc.ne10.uol.com.br/politica/2020/05/5610165-para-sales-governo-deveria-aproveitar -atencao-da-imprensa-no -coronavirus-para-ir--passando-a-boiada-- no-ministerio-do-meio-ambiente.html. Acesso em: 30 mar. 2021.

[43] "POR MIM, botava esses vagabundos todos na cadeia. Começando no STF", diz Abraham Weintraub em reunião ministerial. **JC**, Recife, 22 maio 2020. Disponível em: https://jc.ne10.uol.com.br/politica/2020/05/5610163--por-mim --botava-esses-vagabundos-todos-na-cadeia-- comecando-no-stf--diz-abraham -weintraub-em-reuniao -ministerial.html. Acesso em: 30 mar. 2021.

ministro Moro que tinha urgência em trocar o diretor geral da Polícia Federal e admitiu que se tratava mesmo de uma interferência política, pois precisava de um diretor que lhe abastecesse de informações sobre investigações e, também, sobre os inquéritos em andamento no STF. De forma enfática, Bolsonaro deixou claro que queria alguém da sua relação pessoal, para quem ele pudesse telefonar a qualquer momento a fim de coletar as informações que desejasse. O então ministro Sérgio Moro afirmou ao presidente que não concordava com sua posição, pois, do ponto de vista profissional, não havia motivos que justificassem a sua demissão e, ademais, as necessidades apresentadas não se enquadravam nas atribuições de diretor da Polícia Federal.[44] Mesmo assim, Bolsonaro insistiu que essa mudança era importante para os rumos do seu governo.

Diante da insistência do presidente, o então ministro da Justiça lembrou a ele o compromisso estabelecido entre os dois, quando decidira deixar a magistratura para assumir participação no seu governo. Moro lembrou que lhe foi prometida carta branca no Ministério para o combate à corrupção e ao crime organizado. Disse que a mudança de um diretor da PF no qual ele tinha plena confiança seria um duro golpe no seu trabalho. Na sua explanação, ainda fez ver ao presidente Bolsonaro que ele não era qualquer ministro, não estava ali por uma necessidade política, e que ambos sabiam bem a sua importância na materialização desse governo; sendo assim, ele se sentia parte do governo e confiava plenamente no presidente, mas precisaria do respeito recíproco para poder cumprir o seu papel. Esse tom final da fala do ministro desagradou ao presidente, que evitou expressar seu descontentamento.

Logo em seguida, Bolsonaro agradeceu a sua presença, despediu-se e disse que as conversas continuariam. Mal Sérgio Moro saiu do gabinete, o presidente ligou para três ministros convocando-os para uma reunião imediatamente. O resultado dessa reunião foi a publicação da demissão do diretor geral da PF no dia seguinte e, como consequência, o pedido de demissão do então ministro da Justiça Sérgio Moro.

---

[44] EX-JUIZ Sergio Moro anuncia demissão do Ministério da Justiça e deixa o governo Bolsonaro. **G1**, Política, Rio de Janeiro, 24 abr. 2020. Disponível em: https://g1.globo.com/politica/noticia/2020/04/24/moro-anuncia -demissao-do-ministerio-da-justica-e-deixa-o-governo -bolsonaro.ghtml. Acesso em: 2 abr. 2021.

Como prometido ao ex-ministro da justiça, o presidente Bolsonaro nomeou um amigo para a Direção Geral da PF. O escolhido foi o delegado Alexandre Ramagem.[45] Porém, por decisão do STF, o novo diretor geral é impedido de assumir, e, desse modo, o presidente anulou a sua nomeação. De fato, o ministro do STF Alexandre de Moraes, atendendo a um mandado de segurança impetrado pelo PDT, decidiu pelo impedimento da nomeação. Em seu despacho, o ministro do STF afirma que a nomeação de um amigo feria o princípio da legalidade, pois o objetivo de tal ato seria de atender às vontades pessoais do presidente Bolsonaro.[46]

O bolsonarismo ataca a democracia, mas o STF e TSE reagem

Desde o início, os apoiadores do governo defendem abertamente um golpe de Estado com Bolsonaro no poder. Com o advento da pandemia, o negacionismo bolsonarista politiza o SARS-CoV-2, que rapidamente torna-se um vírus criado pela China para quebrar economicamente os países capitalistas e dominá-los. Para evitar isso, seria necessário ir na direção contrária, manter a economia do país funcionando a todo o vapor, puxada pelos trabalhadores com menos de 60 anos. Para essa facção política, todas as pessoas que defendiam o isolamento social e criticavam o tratamento precoce seriam comunistas.[47] Diante dessa perspectiva, rapidamente a maioria dos brasileiros "viraram" comunistas: STF, Anvisa, imprensa etc. Assim, para Bolsonaro governar, era preciso estabelecer um novo governo,

---

[45] NOMEADO por Bolsonaro diretor-geral da PF, Alexandre Ramagem está na corporação desde 2005 e é amigo da família do presidente; veja perfil. **G1**, política, Brasília, 28 abr. 2020. Disponível em: https://g1.globo.com/politica/noticia/2020/04/28/novo- -diretor-geral-da-pf-alexandre- ramagem-esta-na-corporacao- desde-2005-e-e- -amigo-da-familia-bolsonaro -veja-perfil.ghtml. Acesso em: 2 abr. 2021.

[46] STF suspende nomeação de Alexandre Ramagem para o comando da PF. **El País**, São Paulo, 29 abr. 2020. Disponível em: https://brasil.elpais.com/brasil/2020-04-29/ stf-suspende -nomeacao-de-alexandre-ramagem-para- o-comando-da-pf.html. Acesso em: 2 abr. 2021.

[47] Comunismo: "Sistema social no qual não existe propriedade privada individual, a terra e os meios de produção pertencem à coletividade, e os bens são partilhados de acordo com as necessidades de cada um". Disponível em: https://www.aulete. com.br/comunismo. Acesso em: 29 de abr. 2021.

sob novas condições: mantendo a retórica da democracia, mas com a imprensa controlada, sem o funcionamento pleno e independente do Poder Legislativo e com o Poder Judiciário subjugado. A partir dessa reflexão, era importante colocar as pessoas nas ruas para pedir o fechamento do congresso e do STF.

Assim, prosseguindo na sua sanha golpista, a extrema-direita brasileira, em 15 de março de 2020, no início da pandemia no Brasil, e a despeito de todos os pedidos de cancelamento dos atos, realizou manifestações em todo país em apoio ao presidente da República e pelo fechamento do STF, do Congresso Nacional, entre outros. No dia 31 de março, também foram realizadas manifestações para comemorar o golpe de 1964 e pedir um novo AI-5 no Brasil. Essas mobilizações, que levaram mais de 700 mil pessoas às ruas do país, marcaram o início de uma nova fase do governo Bolsonaro. Com isso, o presidente decidiu ocupar as ruas de forma constante em apoio às suas políticas, confrontando, desse modo, seus opositores, no parlamento, nos movimentos sociais, além dos representantes das demais instituições democráticas que se posicionassem contrárias às suas ações.

A próxima manifestação nacional organizada pelo golpismo ocorreu no dia do exército, em 19 de abril, e reuniu mais de um milhão de pessoas em várias capitais dos estados brasileiros. Além de declarações de apoio ao presidente, os manifestantes pediam o fim do isolamento social, o fechamento do Congresso Nacional, do STF e o retorno do Ato Institucional número 5 – AI 5, o mais duro ato da ditadura militar (1964-1985).[48] Em Brasília, o ato que aglomerou mais de 100 mil pessoas, sem distanciamento social e sem máscaras, foi realizado defronte ao Quartel General do Exército e teve discurso de Bolsonaro afirmando, para a multidão presente, que não queria negociar nada com ninguém e queria ação pelo Brasil. Durante toda a sua fala de uns dez minutos, o presidente agradecia aos gritos de "mito" e aos aplausos constantes da massa ensandecida. O discurso do presidente inflamou a multidão e foi um importante incentivo

---

[48] BOLSONARO endossa ato pró-intervenção militar e provoca reação de Maia, STF e governadores. **El País**, São Paulo, 19 abr. 2020. Disponível em: https://brasil.elpais.com/politica/2020-04-19/bolsonaro-endossa-ato- pro-intervencao-militar-e-provoca-reacao-de-maia-stf -e-governadores.html. Acesso em: 29 abr. 2021.

à radicalização de sua base social. Além disso, o fato de a manifestação ter ocorrido na frente do QG do Exército é bastante simbólico, dando nítidas impressões de que a relação entre o bolsonarismo e os militares era cada vez mais simbiótica.

Novamente, no dia 3 de maio de 2020, Bolsonaro volta a participar de ato antidemocrático em Brasília. Nesse dia, em discurso aos seus apoiadores, o presidente chegou a dizer que pedia a Deus para não ter problemas durante a semana que começava, pois ele havia chegado ao seu limite. Prosseguindo em tom ameaçador, ele disse que:

> [...] queremos o melhor pro nosso país, queremos a independência verdadeira dos três poderes e não apenas na letra da Constituição. Não vamos admitir mais interferência, acabou a paciência vamos levar esse país pra frente.[49]

Assim, a participação do líder do Poder Executivo foi um estímulo para os mais de 100 mil apoiadores, dos quais quase todos queriam o endurecimento do sistema. Durante a manifestação, vários jornalistas foram agredidos a socos e pontapés. Desse modo, foi todo o mês de maio, com atos semanais de apoio ao presidente e pedidos de fechamento do Congresso, STF e volta do AI-5.

Nesse mesmo ato do dia 3 de maio, o presidente Bolsonaro acusou o STF de fazer uma interferência brutal no Executivo, ao impedir a posse de um novo diretor da Polícia Federal nomeado por ele. Afirmou, ainda, que o Supremo errou quando deu autonomia aos estados e aos municípios no combate à covid-19. O presidente reiterou que tolerância tem limites e que ele acabaria sendo obrigado a dar socos na mesa para exigir respeito ao Poder Executivo.

Nesse mês, os brasileiros foram surpreendidos pela prisão de Fabrício Queiroz em um sítio pertencente ao advogado do presidente. Esse fato ampliou as suspeitas, no mundo político, da existência de ligação direta entre Bolsonaro e o ex-policial, inclusive com participação

---

[49] BOLSONARO volta a apoiar ato antidemocrático contra o STF e o Congresso, em Brasília. **G1**, Fantástico, Rio de Janeiro, 3 maio 2020. Disponível em: https://g1.globo.com/fantastico/noticia/2020/05/03/bolsonaro-volta-a -apoiar-ato-antidemocratico- -contra-o-stf-e-o -congresso-em-brasilia.ghtml. Acesso em: 2 maio 2021.

direta ou indireta do presidente nos malfeitos daquele que era acusado de operador das "rachadinhas". Entretanto, confirmando que é um expert em desviar o foco das atenções, o presidente Bolsonaro adicionou um ingrediente extra ao debate político: ele volta a questionar os resultados eleitorais desde 2018 e diz que o Congresso tem a obrigação de aprovar o voto impresso, caso contrário as eleições de 2022 seriam fraudadas como foram as outras. Rapidamente, esse assunto ganhou as primeiras páginas dos jornais e passou a predominar nas redes sociais. Na mesma semana, o presidente se reuniu com os presidentes da Câmara e do Senado para pautar, nas duas casas, o andamento do projeto que criaria o voto impresso.

Ato contínuo aos movimentos do presidente da República, várias lideranças políticas à direita e à esquerda se pronunciaram defendendo a lisura das eleições brasileiras e a segurança das urnas eletrônicas. Nesse mesmo diapasão, fizeram pronunciamentos o presidente do STF, do TSE e de vários TREs brasileiros. Como consequência disso, e atendendo à demanda de ações protocoladas por partidos políticos, uma ministra do TSE deu um prazo de 30 dias para o presidente provar as denúncias de falhas nas urnas eletrônicas e as fraudes no sistema eleitoral brasileiro. Enquanto esse debate tomava conta da sociedade, da mídia e do Congresso Nacional, a prisão de Queiroz, em um imóvel do advogado do presidente, perdia destaque e praticamente desaparecia do noticiário.

A partir do mês de maio, um grupo de militantes de extrema-direita, autodenominado de "300 do Brasil", passou a ocupar o estacionamento do Ministério da Justiça e da Segurança Pública, no Eixo Monumental, em Brasília, e, a partir dessa data, marcou presença ativa em todos os atos em apoio ao presidente e pelo fechamento dos demais poderes.[50] O grupo instalou barracas no gramado central diante do Congresso Nacional e teve seu acampamento garantido

---

[50] O QUE é o 300 do Brasil, acampamento de apoio a Bolsonaro chamado de milícia pelo MP. **GZH**, Política, Porto Alegre, 13 maio 2020. Disponível em: https://gauchazh. clicrbs.com.br/politica/noticia/2020/05/o-que-e-o-300-do-brasil-acampamento-de--apoio-a-bolsonaro-chamado-de-milicia -pelo-mp-cka64uws500ub015nd kejl8ww. html. Acesso em: 3 maio 2021.

após um ministro do STJ negar o pedido de Rodrigo Maia (presidente da Câmara) para desocupação do espaço. Enquanto isso, os filhos do presidente, e outros parlamentares policiais, viajavam pelo Brasil para participar de eventos sobre segurança pública, os quais foram promovidos por entidades policiais.

O mês de maio de 2020 entrou, definitivamente, para a História do Brasil. Nessa época, houve um acirramento intenso das relações entre os poderes da República. O presidente Jair Bolsonaro percebia o crescimento da rejeição da população ao isolamento social e aproveitou o mês para fazer um teste da sua popularidade viajando pelo Brasil. Em suas viagens, foi aplaudido por milhares de pessoas nas ruas de Salvador, Fortaleza, Manaus, Porto Alegre, Rio de Janeiro e São Paulo. Ao voltar à Capital Federal, tomou uma decisão: era hora de fazer política e construir uma maioria segura no parlamento. Assim, chamou os líderes do Centrão para o diálogo e nomeou quatro parlamentares para Ministérios importantes. Como consequência disso, passou a contar com uma maioria política na Câmara dos Deputados e equilibrou a balança do Senado Federal.

Enquanto o presidente cumpria sua agenda de atividades, celebrando convênios com prefeituras e governos aliados para a aquisição de equipamentos e medicamentos do chamado kit covid (sem efeito comprovado para enfrentar a covid-19) e sendo abraçado pela multidão, acontecia uma reunião secreta em um sítio nos arredores de Brasília. Dessa reunião participavam dois deputados federais, incluindo um ex-policial, três militantes neofacistas do comando do grupo que acampava na praça dos três poderes em Brasília e mais duas pessoas do bolsonarismo, um deles miliciano do Rio de Janeiro. A pauta dessa conversa foi a radicalização do movimento neofascista dos "300 do Brasil".

Assim, seguindo a espiral da radicalização, em 31 de maio de 2020, houve manifestações de apoio ao governo em todas as capitais do país e na maioria das cidades médias. Os atos foram convocados com a pauta de defesa do voto impresso, do fim do isolamento social e pelo fechamento do Congresso e do STF. Durante a manifestação, o presidente Bolsonaro sobrevoou a multidão de mais de 100 mil pessoas presentes no ato de Brasília e, após descer da aeronave, discursou para a massa dizendo que o país não podia parar e que era necessário respeito com o presidente eleito com mais de 50 milhões de votos. Ele afirmou ainda que esperava apenas a autorização do povo brasileiro para fazer valer ainda mais todos os artigos da Constituição Federal. De acordo com Bolsonaro, estavam querendo quebrar o Brasil e o seu governo com o isolamento social. Segundo ele, era necessário garantir o emprego da população, o crescimento do Brasil e a vida dos brasileiros mais velhos. Portanto, a partir daquele dia, faria de tudo para pôr fim ao isolamento social. Encerrou o discurso dizendo que chegou a hora de o Brasil voltar aos trilhos. Segundo os analistas, esse foi um dia decisivo para a estratégia do governo, pois em todo o Brasil avaliava-se que mais de 1,5 milhão de pessoas foram às ruas em apoio ao presidente Bolsonaro.

Por conseguinte, as manifestações não pararam com o pôr do sol. No início da noite, o grupo neofascista "300 do Brasil" continuou com a manifestação, com um combustível extra: os mandados de busca e apreensão contra a principal liderança do grupo, devido ao inquérito das fake news sob condução do STF. Posicionados na frente do Supremo Tribunal Federal, muitos dos participantes usavam máscaras cobrindo totalmente o rosto e seguravam tochas (no legítimo estilo dos supremacistas brancos da Ku Klux Klan). Eles gritavam palavras de ordem contra todos os ministros do supremo, destacando-se Dias Toffoli e, principalmente, Alexandre de Moraes, que foi ameaçado inclusive na sua vida privada.[51] Esse ato teve a participação de mais de 500 pessoas, as quais batiam tambores e seguravam faixas nas quais pediam o fechamento do STF e a prisão para os ministros defensores de bandidos.

O mês de junho começou com o presidente reafirmando que a urna eletrônica favoreceria a fraude e que somente o voto impresso

---

[51] LIDERADO por alvo do STF, grupo faz ato com tochas e máscaras contra Moraes. **UOL**, São Paulo, 31 maio 2020. Disponível em: https://noticias.uol.com.br/politica/ultimas-noticias/2020/05/31/grupo-300-protesto -supremo.htm. Acesso em: 3 maio 2021.

garantiria a lisura do processo. Ele chegou mesmo a dizer que se a votação fosse por meio das urnas eletrônicas, a parte perdedora poderia não acatar o resultado, passando a questionar a legitimidade do eleito. Bolsonaro foi ainda mais duro ao afirmar que as eleições de 2022 seriam com voto impresso, ou então poderíamos não ter eleições. Obviamente essa fala de Bolsonaro foi rebatida pelas lideranças políticas e pelos ministros do TSE que cobraram responsabilidade do presidente da República. O presidente do Senado afirmou que o Brasil era uma democracia e que as eleições de 2022 estavam garantidas pela Constituição. O presidente da Câmara Federal afirmou que não aceitaria aventuras golpistas. Ao seu turno, os presidentes do STF e do TSE repreenderam duramente Bolsonaro, sem citá-lo, ao afirmar que o Brasil não aceitaria que lideranças, que se tornaram projetos de ditadores, usassem a democracia para se eleger e depois tentassem destruí-la.

No intuito de se fortalecer no Congresso Nacional, o presidente Bolsonaro consolidou sua relação com o centrão, inclusive com a nomeação de um senador líder do bloco para assumir o Ministério da Casa Civil do seu governo. Nesse mês, o governo retomou o debate em torno da sua pauta de costumes: "ideologia de gênero", interdição de todo tipo de aborto e liberação do porte e da posse de armas para os brasileiros. O presidente pediu ao seu ministro da Casa Civil que, juntamente ao ministro da Saúde, elaborasse um estudo que permitisse ao governo parar com o isolamento social horizontal e adotasse o isolamento vertical, para, dessa forma, permitir a volta do povo ao trabalho e às escolas. Durante esse mês, todos os dias ocorriam atos localizados em várias cidades brasileiras contra o isolamento social.

Foi exatamente em um desses atos que aconteceu um fato extremo. Em 15 de junho, após um dia nacional de atos favoráveis ao governo, com milhares de pessoas nas ruas, no turno da noite, por volta das 22 horas, a milícia neofascista "300 do Brasil" organizou mais um protesto na "calçada" do STF, com a presença de mais de 500 pessoas, muitas dessas mascaradas (estilo Ku Klux Klan), tocando tambor, gritando xingamentos e palavras de ordem. Em determinado momento, no meio do grupo (como para dificultar a identificação), começaram a ser disparadas várias bombas, foguetes e rojões em direção às vidraças do prédio do Supremo. Após cinco minutos de intenso bombardeio, as vidraças foram quebradas e os fogos passaram a adentrar a sede da suprema corte brasileira. Pouco tempo depois, talvez uns sete minutos, percebia-se que uma parte do prédio começava a incendiar. Nesse exato momento, um homem saiu correndo de dentro do prédio com parte do corpo em chamas. Foi nesse instante que chegaram as primeiras viaturas da PM e dos bombeiros. Enquanto alguns bombeiros apagavam as chamas dentro do prédio do STF, outros prestavam socorros ao homem, que teve as chamas sobre seu corpo apagadas e foi conduzido de ambulância para o hospital, onde foram confirmadas queimaduras de 2º grau na cabeça, no tórax, nos braços e nas pernas. Enquanto isso ocorria, a PM tentava localizar os autores desse atentado que, ato contínuo ao incêndio, evadiram-se do local e sumiram do acampamento em Brasília, deixando apenas as barracas vazias. No final da noite, foi confirmado que o homem ferido era um servidor de limpeza terceirizado, que já trabalhava no STF há 10 anos. Quanto ao tribunal, nenhum documento importante foi queimado com o incêndio. Graças à chegada rápida dos bombeiros, apenas alguns sofás e computadores, de uma sala de recepção, foram atingidos.

Esse atentado foi condenado enfaticamente por todos os governadores e presidentes das casas legislativas dos estados, bem como pelos presidentes da Câmara e do Senado. Quanto ao presidente Bolsonaro, ele disse que foi um ato grave, determinando que a Polícia Federal desse prioridade à investigação desse protesto que, infelizmente, ao que tudo indica, foi tumultuado por pessoas infiltradas, causando esse acidente na sede da suprema corte.

Mais uma vez, buscando desviar o foco, o presidente disse que esse tipo de gente, capaz de se infiltrar em um ato pacífico com o único objetivo de promover tumultos, é o mesmo povo que quer uma eleição fraudada, na qual não seja possível auditar os votos. Disse também que os brasileiros não iriam se submeter a essa roubalheira eleitoral que estava programada para 2022. Destarte, na data limite para o presidente apresentar ao TSE a documentação com as provas das falhas e das fraudes nas urnas eletrônicas, ele não demonstrou nada de substancial que comprovasse adulterações nas urnas ou fraudes eleitorais. Por fim, acabou assumindo, em uma *live*, que não tinha provas, mas tinha indícios gravíssimos que indicavam a ocorrência das situações por ele descritas em várias oportunidades. Porém, vários *experts* em engenharia, informática, direito eleitoral e o próprio TSE denegaram as hipóteses palacianas.

Assim, considerando que o presidente da República não apresentou provas sobre as acusações que fazia acerca das urnas eletrônicas e das eleições brasileiras, e, ainda, continuava a divulgar informações inverídicas, o Tribunal Superior Eleitoral (TSE) decidiu, de forma unânime, pela abertura de um inquérito administrativo contra o presidente, bem como pelo envio de uma notícia-crime ao Supremo Tribunal Federal, para que esse fosse investigado por divulgação de fake news contra o sistema eleitoral brasileiro. Diante da provocação do TSE, o ministro do STF, Alexandre de Moraes, acolheu a notícia--crime e abriu uma investigação contra o presidente Bolsonaro, que passou a ser investigado na alçada do inquérito das fake news, sob relatoria do ministro Moraes. De acordo com o ministro,

> A notícia-crime aponta que, tanto a conduta noticiada quanto sua posterior divulgação por meio das redes sociais se assemelham ao *modus operandi* anteriormente detalhado e investigado nos autos deste Inquérito 4.781/DF, bem como no Inquérito 4.874/DF, no qual se revela a existência de uma verdadeira organização criminosa, de forte atuação digital e com núcleos de produção, publicação, financiamento e político, com a nítida finalidade de atentar contra as Instituições, a Democracia e o Estado de Direito.[52]

Diante de mais um obstáculo à sua escalada na destruição das instituições democráticas, o presidente Jair Bolsonaro afirmou

---

[52] MIAZZO, L. Moraes acolhe notícia-crime e inclui Bolsonaro no Inquérito das Fake News. **Carta Capital**, São Paulo, 4 ago. 2021. Disponível em: https://www.cartacapital. com.br/politica/moraes-acolhe- noticia-crime-e-inclui-bolsonaro- no-inquerito- -das-fake-news/. Acesso em: 5 ago. 2021.

que não se intimidaria e que sua luta era contra o presidente do TSE, que agia, segundo ele, como dono da verdade e que estaria cooptando ministros para as suas posições no STF e no TSE. Assim, apresentando-se bastante contrariado, durante uma atividade de rua, em Joinville-SC, o presidente ainda xingou o ministro Barroso de "filho da puta".[53] Ademais, em outro momento, disse ainda que o ministro Moraes era a mentira em pessoa e que "a sua hora vai chegar".[54] Bolsonaro proferiu que, mesmo sendo alguém que respeitava a Constituição, percebia que estava chegando o momento de agir à revelia da Constituição brasileira, pois os ministros do STF, os quais deveriam defendê-la sequer a respeitavam.

Diante dos desencontros entre o presidente Bolsonaro e o Supremo Tribunal Federal, o ex-deputado federal Roberto Jefferson, de arma em punho, fez postagens no Twitter, ameaçando comunistas, detratando o STF, defendendo o presidente da República e sinalizando apoio a um golpe de Estado que, de acordo com ele, deveria ser dado por Bolsonaro. Para o ex-deputado federal e então presidente nacional do PTB, o presidente deveria destituir os 11 ministros do STF e cassar a concessão de rádio e TV de todas as empresas ligadas ao sistema Globo.[55] Considerando-se que o cerco estava se fechando contra os propagadores de fake news, contra as falsas acusações de Bolsonaro a respeito da lisura das eleições brasileiras e contra os organizadores dos atentados contra a democracia, essa fala de Jefferson poderia ser entendida como um chamado para a militância conservadora reagir às iniciativas do TSE e do STF contra o presidente, de todas as maneiras possíveis, até mesmo pegando em armas, se fosse o caso.

---

[53] BOLSONARO chama Barroso de "filho da puta"; depois, apaga vídeo. **Poder 360**, Brasília, 6 ago. 2021. Disponível em: https://www.poder360.com.br/governo/bolsonaro-chama -barroso-de-filho-da-puta-depois-apaga-video/. Acesso em: 8 ago. 2021.

[54] "A HORA dele vai chegar", diz Bolsonaro sobre Alexandre de Moraes. **Poder 360**, Brasília, 5 ago. 2021. Disponível em: https://www.poder360.com.br/governo/a-hora--dele-vai-chegar-diz- bolsonaro-sobre-alexandre-de-moraes/. Acesso em: 8 ago. 2021.

[55] COM ARMA NA MÃO, Roberto Jefferson ameaça "comunistas" e manda Bolsonaro promover golpe de Estado. **O sul21**, Porto Alegre, 9 maio 2020. Disponível em: https://sul21.com.br/ultimas-noticiaspolitica/2020/05/com-arma-na-mao-roberto-jefferson -ameaca-comunistas-e-manda-bolsonaro-promover-golpe -de-estado/. Acesso em: 8 ago. 2021.

Como saldo de todo esse imbróglio, o presidente do STF decidiu cancelar uma reunião que havia sido anteriormente agendada com os chefes dos três poderes da República. A decisão do ministro Luiz Fux foi tomada em decorrência dos ataques do presidente ao processo eleitoral brasileiro e a ministros integrantes do STF. Para o presidente do STF:

> Diante dessas circunstâncias, o Supremo Tribunal Federal informa que está cancelada a reunião outrora anunciada entre os chefes de Poder, entre eles o presidente da República. O pressuposto do diálogo entre os Poderes é o respeito mútuo entre as instituições e seus integrantes.[56]

Entretanto, apesar das derrotas sofridas no campo jurídico, o presidente sabia que o jogo do voto impresso para as eleições de 2022 ainda estava rolando no Congresso Nacional. Tendo isso em vista, ele precisava manter o time motivado. Além disso, Bolsonaro avaliava que não poderia baixar a cabeça para as últimas decisões do STF e precisava reagir rapidamente para manter a base motivada para os enfrentamentos seguintes. Diante desse contexto, o presidente da República protocolou, no Senado Federal, um pedido de impeachment contra o Ministro do Supremo, Alexandre de Moraes. Em uma petição com mais de cem páginas endereçada ao presidente do Senado, o presidente Bolsonaro apresentou um conjunto de irregularidades praticadas pelo ministro e pediu seu impeachment por crime de responsabilidade. Em suas alegações ele afirmou que:

> Não se pode tolerar medidas e decisões excepcionais de um Ministro do Supremo Tribunal Federal que, a pretexto de proteger o direito, vem ruindo com os pilares do Estado Democrático de Direito. Ele prometeu a essa Casa e ao povo brasileiro proteger as liberdades individuais, mas vem, na prática, censurando jornalistas e cometendo abusos contra

---

[56] FUX decide cancelar reunião entre chefes dos Três Poderes. **Agência Brasil**, Brasília, 5 ago. 2021. Disponível em: https://agenciabrasil.ebc.com.br/justica/noticia/2021-08/fux-decide -cancelar-reuniao-entre-chefes-dos-tres -poderes. Acesso em: 6 ago. 2021.

> o Presidente da República e contra cidadãos que vêm tendo seus bens apreendidos e suas liberdades de expressão e de pensamento tolhidas.[57]

Na verdade, apesar de o presidente não ter motivos concretos para pedir a destituição do Ministro Alexandre de Moraes, ele fez um conjunto de ilações para soldar sua iniciativa. Ora, acusar o ministro de atacar o Estado Democrático de Direito é não perceber que ele próprio, como presidente, foi quem cometeu esses crimes ao participar de atos que defendiam o fechamento do congresso e do STF. Ele alega censura a jornalistas, quando na verdade são centrais de fake news que espalham ataques à democracia brasileira e mentiras sobre a pandemia, sem nenhuma observância aos princípios jornalísticos. Além disso, o próprio Bolsonaro é um dos líderes que mais atacam a liberdade de imprensa no mundo. Percebe-se, assim, que o presidente Bolsonaro busca utilizar-se dos princípios e dos valores presentes na Democracia, na liberdade de expressão e no Estado Democrático de Direito para subverter a própria ordem democrática. Tal pedido de impeachment foi analisado pela Advocacia do Senado, a qual não identificou crimes de responsabilidade e, além disso, afirmou que a demanda demonstrava "[...] manifesta ausência de tipicidade e de justa causa". Após deferimento do parecer jurídico, o Presidente do Senado arquivou o pedido de impeachment.[58]

Por fim, encerrando uma semana bastante turbulenta, após meses de debates na Câmara dos Deputados, rejeitou-se a proposta do voto impresso, que obteve apenas 229 votos, dos 308 que seriam necessários à sua aprovação.

---

[57] BOLSONARO pede ao Senado o impeachment do ministro Alexandre de Moraes, do STF. **CONJUR**, Brasília, 20 ago. 2021. Disponível em: https://www.conjur.com.br/2021-ago-20/bolsonaro-senado-impeachment -alexandre-moraes. Acesso em: 25 ago. 2021.

[58] PACHECO rejeita pedido de Bolsonaro por impeachment de Moraes. **Senado Notícias**, Brasília, 25 ago. 2021. Disponível em: https://www12.senado.leg.br/noticias/materias/2021/08/25/pacheco- rejeita-pedido-de-bolsonaro-por-impeachment -de-moraes. Acesso em: 27 ago. 2021.

STF pede a retenção do celular do presidente

Outrossim, em uma conjuntura bastante conturbada, e após vários ataques do bolsonarismo, incluindo o ataque terrorista à sede do STF, a avaliação nos meios jurídicos e políticos era a de que a classe política e o STF deveriam agir imediatamente e com rigor. Tendo em conta o desgaste provocado pelo presidente com o Poder Judiciário, o aprofundamento dos protestos pedindo o fechamento dos demais poderes e, principalmente, os inúmeros atos violentos promovidos por apoiadores do presidente da República, avaliava-se que a relutância em agir favoreceria apenas aqueles que queriam destruir a democracia. Essa leitura política ficou ainda mais evidente quando uma emissora de televisão divulgou, no seu telejornal das 20 horas, uma entrevista com um homem que dizia ter presenciado recentemente uma reunião em um sítio, nos arredores de Brasília, onde se discutiu a organização de atos violentos contra o STF, o Congresso e alguns congressistas e ministros do Supremo.

Diante dessa constatação, não causaram surpresa as ações determinadas pelo STF de busca e apreensão e de prisões de pessoas ligadas ao bolsonarismo radical, que estavam envolvidas em ameaças aos ministros da corte. Foi assim que o Ministro do STF, Alexandre de Moraes, determinou a prisão do ex-deputado Roberto Jefferson, considerando o seu histórico de ameaças contra os ministros, o Supremo e a democracia, amplamente divulgadas nas suas redes sociais. Em uma das conversas que a PF teve acesso, o ex-deputado afirmava enfaticamente que os atos eram contra a lei e a democracia.[59] O pedido de prisão do então presidente nacional do PTB foi justificado pela suspeita de sua participação em uma organização criminosa digital destinada a atacar a democracia brasileira e foi inserido no inquérito que investiga as milicias digitais. O ministro Alexandre de Moraes, que assinou a petição, fez a seguinte justificativa para a determinação de prisão:

---

[59] ROBERTO Jefferson fez vídeos empunhando armas e pedindo fechamento do STF. **UOL**, São Paulo, 13 ago. 2021. Disponível em: https://noticias.uol.com.br/politica/ultimas-noticias/2021/08/13/deputado-fez-videos -empunhando-armas-e-pedin-do-fechamento -do-stf.htm. Acesso em: 5 set. 2021.

> [...] Durante a atividade de investigação policial, identifica-se um agravamento da atuação incisiva de Roberto Jefferson, que passou a reiterar divulgações de ofensas de variadas formas em mídias de comunicação [...] ao mesmo tempo em que incita pretensos seguidores a agirem ilicitamente, em violação às regras do Estado Democrático de Direito, indicando inclusive uma crescente agressividade no discurso, impositora da cessação de sua atividade ilícita. A prisão cautelar, medida excepcionalíssima, é aqui necessária para evitar o acirramento e o estímulo a tais práticas no cenário atual [...].[60]

Dessa forma, considerando a radicalização dos ataques à democracia — entre abril e junho de 2020 —, o início de ações violentas por parte de milícias apoiadoras do governo e as recentes denúncias que envolviam parlamentares do círculo íntimo e até familiares do presidente na orquestração dos atos violentos em vários estados, o Supremo Tribunal Federal determinou a retenção do celular do presidente da República, dos seus filhos e de mais 10 parlamentares ligados ao governo. Em documento enviado à Procuradoria Geral da República, o ministro Celso de Melo afirmou que:

> [...] é dever jurídico do Estado promover a apuração da autoria e da materialidade dos fatos delituosos narrados por qualquer pessoa do povo. [...] A indisponibilidade da pretensão investigatória do Estado impede, pois, que os órgãos públicos competentes ignorem aquilo que se aponta na *"notitia criminis"*, motivo pelo qual se torna imprescindível a apuração dos fatos delatados, quaisquer que possam ser as pessoas alegadamente envolvidas, ainda que se trate de alguém investido de autoridade na hierarquia da República, independentemente do Poder (Legislativo, Executivo ou Judiciário) a que tal agente se ache vinculado.[61]

---

[60] EX-DEPUTADO Roberto Jefferson é preso após ordem judicial do ministro Alexandre de Moraes. **Gazeta do Povo**, Curitiba, 13 ago. 2021. Disponível em: https://www.gazetadopovo.com.br/republica/moraes-pede-a-prisao-preventiva-do-ex-deputado-roberto-jefferson/. Acesso em: 5 set. 2021.

[61] CELSO de Mello manda à PGR pedidos de apreensão de celular de Bolsonaro e Carlos. **Congresso em Foco**, Brasília, 22 maio 2020. Disponível em: https://congressoemfoco.uol.com.br/area/governo/celso-de-mello-manda-a-pgr-pedidos-de-apreensao-de-celular-de-bolsonaro-e-carlos/. Acesso em: 25 maio 2020.

Por seu turno, o presidente Bolsonaro avisou que não entregaria o celular de forma alguma. Outra resposta do governo saiu em nota do Gabinete de Segurança Institucional (GSI). Segundo o general Augusto Heleno, a apreensão do celular do presidente traria repercussões inimagináveis para a estabilidade nacional. "O pedido de apreensão do celular do presidente da República é inconcebível e, até certo ponto, inacreditável". De acordo com a nota do GSI, tal decisão configura-se numa afronta à maior autoridade do Poder Executivo, ademais, a nota afirma ainda que é:

> [...] uma interferência inadmissível de outro Poder na privacidade do Presidente da República e na segurança institucional do país [...] O Gabinete de Segurança Institucional da Presidência da República alerta as autoridades constituídas que tal atitude é uma evidente tentativa de comprometer a harmonia entre os poderes e poderá ter consequências imprevisíveis para a estabilidade nacional.[62]

No dia posterior à decisão do Supremo, vários governadores de estados, prefeitos de capitais, lideranças do Congresso Nacional e de assembleias legislativas, além de representantes do empresariado e de entidades da sociedade civil, posicionaram-se favoravelmente à decisão do STF. Entretanto, nesse mesmo dia, sete governadores, 280 deputados federais, 35 senadores, algumas lideranças empresariais e lideranças evangélicas assinaram uma nota condenando a iniciativa do Supremo.

Após a decisão do STF, do pronunciamento do presidente, da fala institucional do governo por meio do GSI, e dos posicionamentos de políticos, lideranças de classe e dos movimentos sociais e sindicais, faltava somente as massas se posicionarem. Assim, 48 horas após a decisão da mais alta corte brasileira, foram realizados atos em todo o Brasil em apoio ao Supremo. Mais de um milhão de pessoas foram

---

[62] KADANUS, K. Celular do presidente da República deve ser inviolável, como sugere Bolsonaro? **Gazeta do Povo**, Curitiba, 13 jun. 2020b. Disponível em: https://www.gazetadopovo.com.br/republica/celular- presidente-telefone-inviolabilidade -bolsonaro/. Acesso em: 7 ago. 2021.

às ruas das capitais brasileiras para dizer "Fora Bolsonaro, fica STF". A forte reação popular — principalmente em grandes capitais, como São Paulo, Rio de janeiro, Salvador e Belo Horizonte (que, somadas, reuniram mais de 500 mil pessoas) — preocupou o governo Bolsonaro, que foi instigado a agir e a conclamar seus apoiadores a irem às ruas e lhe autorizar a decidir "de acordo com a constituição" para garantir democracia, emprego e vida para todos. Assim, no domingo, dia 21 de junho, muitos brasileiros se pintaram de verde e amarelo e saíram para as ruas pedindo o fim do isolamento social, o fechamento do Congresso e do STF, repetindo o bordão "eu autorizo", liberando o presidente a dar um golpe. Foram mais de 2 milhões de pessoas nos atos em apoio ao presidente da República. À noite, Bolsonaro se reuniu com seus ministros e líderes no Congresso Nacional. Na segunda-feira, dia 22 de junho de 2020, o STF amanheceu interditado, com militares ocupando o prédio e impedindo a entrada das pessoas.

CAPÍTULO III

BOLSONARO FECHA O STF E INSTALA A DEMOCRACIA BOLSONARISTA

Às nove horas da manhã do dia 22 de junho de 2020, numa segunda-feira, na sede do Quartel General do Exército, em Brasília, o ministro da Defesa, ao lado dos ministros das forças militares, fez um pronunciamento à nação brasileira. De acordo com o ministro da Defesa, as Forças Armadas brasileiras receberam um documento encaminhado pela Advocacia Geral da União no dia 20 de junho, com uma vasta documentação comprobatória dos excessos cometidos pelo Supremo Tribunal Federal de forma a impedir o funcionamento pleno do Poder Executivo, constatando que o STF abdicara de cumprir o seu papel de mais alta corte do país, para passar a agir em prol dos interesses das forças de oposição, aos invés de comportar-se como uma corte constitucional. Destarte, com base nesse arrazoado, a AGU, em nome do governo federal, e invocando o artigo 142 da Constituição Brasileira, pedia a intervenção das Forças Armadas como poder moderador, com o objetivo de garantir a defesa da ordem e da Constituição brasileira. A partir do recebimento desse documento, o Ministério da Defesa convocou os demais ministros da área militar para avaliar a demanda e decidir sobre o fato.

Assim, de acordo com o ministro da Defesa, após intensas reuniões da cúpula militar e com importantes juristas brasileiros, as Forças Armadas aceitaram a demanda da AGU e decretaram intervenção no Supremo Tribunal Federal brasileiro, cabendo aos ministros do Exército, da Aeronáutica e da Marinha assinarem o despacho decretando intervenção no STF e destituindo todos os seus ministros. De acordo com o documento assinado pelas três forças, e considerando parecer de respeitáveis juristas constitucionalistas e pesquisadores do Direito consultados, a demanda apresentada pelo Poder Executivo por meio da AGU demonstrou, de forma inequívoca, que várias decisões do STF não estavam em conformidade com a Constituição brasileira, destacando-se principalmente a autorização para estados e municípios decretarem toque de recolher; o impedimento de nomeação do Diretor Geral da PF e, por último, a ordem para a apreensão do celular do presidente da República, autoridade máxima do país. Sem prejuízo de outras decisões que são do conhecimento público, essas ações do STF aqui elencadas demonstraram nitidamente uma interferência inadmissível em atos de gestão do presidente e, pior do que isso, na privacidade da comunicação do chefe do Poder Executivo. Assim, conclui o despacho, de acordo com a Constituição federal, em seus artigos 34, 136, 137 e 142, cabe às Forças Armadas exercerem o seu papel moderador[63] [64] e garantir a democracia, o que só é possível com a independência dos três poderes constitucionais da República.

Diante do exposto, o despacho das três forças militares concluiu afirmando que, para garantir a democracia, a independência e a harmonia entre os três poderes, e em respeito à Constituição brasileira, decidiu-se por evocar o artigo 142 da Constituição federal e dar provimento à demanda da AGU. Isso posto, a partir de 22 de junho de 2020, todos os ministros do STF estavam destituídos dos seus postos, cabendo ao STJ, desde então, acumular o papel de corte constitucional, até o presidente da República apresentar e o Senado aprovar os 11 nomes de juristas para a nova composição do Supremo Tribunal Federal.

---

[63] DIREITO operacional militar: análise dos fundamentos jurídicos do emprego das Forças Armadas na garantia da lei e da ordem. **Revista Jus Navigandi**, Teresina, 19 mar. 2020. Disponível em: https://jus.com.br/artigos/79192/direito-operacional -militar-analise-dos-fundamentos -juridicos-do-emprego-das-forcas -armadas- -na-garantia-da-lei-e-da-ordem. Acesso em: 8 ago. 2021.

[64] CABE às Forças Armadas moderar os conflitos entre os Poderes. **Consultor Jurídico**, São Paulo, 28 maio 2020. Disponível em: https://www.conjur.com.br/2020-mai-28/ ives-gandra -artigo-142-constituicao-brasileira. Acesso em: 7 ago. 2021.

No turno da tarde de 22 de junho, o presidente Bolsonaro fez uma *live* na qual afirmou que lamentava muito a intervenção no Poder Judiciário, mas reafirmou que tal decisão foi tomada devido aos persistentes descumprimentos da Constituição por parte do STF, subtraindo constantemente atribuições do Poder Executivo. Em sua fala, o presidente assegurou que o Parlamento continuaria funcionando normalmente, que estava garantida a liberdade de expressão e de atuação da imprensa brasileira. Assegurou ainda que, nos próximos dias, estaria encaminhando ao Congresso Nacional a nova composição do STF, para uma sabatina, avaliação e aprovação pelo Senado Federal.

No final da tarde do mesmo dia, milhares de pessoas foram às ruas de Brasília, do Rio de Janeiro, de São Paulo, Belo Horizonte, Salvador, Recife, Fortaleza, Belém e outras grandes cidades brasileiras protestarem contra o fechamento do STF, inaugurando a nova fase do golpe. No mesmo dia, em pontos diferentes das cidades, apoiadores do presidente também foram às ruas festejar o fechamento do STF.

As reações populares ao golpe bolsonarista

No mesmo dia do fechamento do STF, o Congresso Nacional fez uma sessão conjunta da Câmara dos Deputados e do Senado para condenar o golpe e defender a democracia. Além do Congresso Nacional, as 27 assembleias legislativas e as câmaras de vereadores de todas as capitais dos estados da federação também fizeram sessão extraordinária com o mesmo objetivo.

Na quarta-feira, dia 24 de junho, dia de São João no Nordeste, mais de 2 milhões de pessoas foram às ruas pedindo respeito à ordem constitucional e à democracia brasileira. Rio de Janeiro, São Paulo, Belo Horizonte e Fortaleza fizeram os maiores atos com mais de 150 mil pessoas, já a capital paulista colocou 300 mil pessoas na Av. Paulista. Porém, no domingo, dia 28 de junho, os apoiadores do presidente também foram as ruas e mobilizaram mais de 2 milhões de pessoas. Com o novo passo do golpe, nada mudou: o Brasil continuava rachado.

Diante dessa polarização, o núcleo político de apoio ao presidente fez reunião e decidiu que era a hora de criar obstáculos para impedir que a massa continuasse se mobilizando contra o golpe em andamento. Assim, em 30 de junho de 2020, durante uma marcha, que mobilizou meio milhão de pessoas em direção à Brasília para um grande ato em defesa da democracia e do Estado de Direito, o que parecia ser uma vigorosa ação de resistência política contra a volta do autoritarismo, aos poucos desandou para ações de violência e quebra-quebra contra veículos e prédios públicos. Essa situação era só o que o governo militar/miliciano queria para justificar o uso da força. Com isso, a Polícia Militar interveio, e o que se viu foi uma ampliação da violência com o uso de bombas de efeito moral e balas de borrachas para dispersar a multidão.

Quando anoiteceu, apesar da maioria das pessoas já ter ido embora, as ações de violência se generalizaram entre aqueles que permaneciam nas ruas. Brasília virou uma praça de guerra. A rodoviária de Brasília foi incendiada e houve tiroteio na Esplanada dos Ministérios. O saldo final foi todos os carros de sons apreendidos, várias lideranças dos movimentos sociais também foram presas e, infelizmente, dois policiais e oito manifestantes foram mortos nos confrontos, além de mais de 500 pessoas feridas lotando os hospitais de Brasília. Entre essas, 20 ficaram em estado grave. No final da noite, o presidente se manifestou e afirmou que, entre os feridos e os presos, foram encontradas armas, além de maconha, cocaína e outras drogas. Bolsonaro determinou, ainda, a apuração dos fatos, prometendo que todos os envolvidos seriam punidos e que os policiais mortos nos confrontos seriam promovidos e condecorados.

Enquanto isso, em uma casa nos arredores de Brasília, as lideranças dos movimentos sociais que organizaram a manifestação, e que não foram presas, conversavam e procuravam explicações para tamanha violência. A compreensão corrente entre eles era a de que a manifestação teve muitas pessoas infiltradas, vindas de diversas partes do país, com o único objetivo de se misturar aos manifestantes e espalhar o terror. Muito provavelmente vários policiais identificados com a milícia participaram do ato e comandaram as ações de violência e os disparos de armas de fogo na direção dos policiais do Distrito Federal. Nessa mesma reunião, as lideranças presentes decidiram que não retornariam para suas casas e que se espalhariam para outras regiões do país para evitar a prisão por parte dos agentes da repressão. Porém, foi necessário aguardar três dias enquanto conseguiam recursos financeiros para saírem do Distrito Federal em segurança.

Entretanto, mesmo após a ampla cobertura midiática dos atos de violência ocorridos no gigante protesto de Brasília, e das ameaças de aumento da repressão, no dia 3 de julho, foram realizados novos protestos contra o golpe, a violência miliciana e a favor da democracia em todas as capitais brasileiras; porém apenas em São Paulo houve um comparecimento na casa das 10 mil pessoas. No ato de Curitiba, na Praça Santos Andrade, a manifestação, a qual contava com aproximadamente duas mil pessoas, ocorria pacificamente, até um grupo de carecas (*skinhead*) invadir a manifestação e começar a espancar as pessoas, principalmente mulheres e negros. Durante a confusão, um rapaz negro de 17 anos foi atingido com uma facada no tórax e encaminhado ao hospital em estado grave. A PM, que acompanhava a atividade, só interveio na pancadaria após o esfaqueamento, mas não conseguiu prender ninguém, pois, logo após o ocorrido, o grupo neofascista fugiu. Nos dez dias seguintes, nenhuma grande manifestação foi organizada no país contra o governo federal. Apenas em estados como São Paulo, Bahia, Pernambuco, Ceará, Maranhão e Pará ocorreram manifestações com ao menos duas mil pessoas nas ruas. Além disso, as ações de resistência se limitaram aos parlamentares da oposição no Congresso Nacional. Entretanto, no domingo, logo em seguida aos incidentes, foram organizados protestos em todas as capitais dos estados, com muitas pessoas vestindo a camisa da seleção brasileira e pedindo o fim da violência, do vandalismo, a paz e o respeito à ordem para o desenvolvimento do país. Com esse desfecho, o bolsonarismo, ao menos a princípio, atingiu seus objetivos.

Bolsonaro recorre ao STJ pela prioridade nas ações no combate ao coronavírus

Na semana posterior à implementação da nova fase do golpe, com o fechamento do STF, a Advocacia Geral da União recorreu ao STJ, que desempenhava provisoriamente o papel daquela corte, no tocante aos assuntos urgentes, para demandar a anulação da decisão da corte constitucional, que conferiu poderes aos governos estaduais para decidir nos assuntos atinentes à pandemia.

Nesse sentido, o argumento central apresentado pelo governo Bolsonaro sustentava que a decisão tomada pelo Estado Maior das Forças Armadas, representando uma espécie de poder moderador, previsto no artigo 142 da Constituição brasileira, reconhecia que a antiga composição do Supremo Tribunal Federal interferia nos atos e decisões do Poder Executivo, suprimindo atribuições, ao passo que, em várias situações, delegava-lhes a governos estaduais e/ou municipais. Continuando, a AGU alegava que a decisão que conferiu poderes aos outros níveis de governo para decidir políticas gerais no combate à pandemia era um exemplo nítido de transferência de competência do governo federal para os governos estaduais e municipais, por parte do Poder Judiciário, sendo então passível de nulidade. Prosseguindo, a peça jurídica do governo instava aos ministros do STJ a anularem a referida decisão, com o objetivo de retomar a normalidade dos fatos, diante dos motivos expostos no processo em curso.

Da mesma forma, no bojo da citada peça jurídica, a AGU inquiria ao novo e provisório tribunal constitucional o reconhecimento da exclusividade ao governo federal para decidir sobre medidas extraordinárias e necessárias no combate à pandemia da covid-19 no Brasil. Na compreensão do governo Bolsonaro, um país continental como o Brasil não poderia continuar tomando decisões tão díspares no enfrentamento da pandemia, visto que os resultados alcançados seriam desalentadores, notadamente à quantidade de mortos entre os brasileiros e os prejuízos econômicos que atingiam a todos. Continuando nessa linha, o governo federal reivindicava exclusividade quanto às decisões sobre as seguintes iniciativas: determinação de distanciamento e isolamento social, quarentena, suspensão de atividades profissionais, suspensão de aulas, restrições ao comércio, transportes públicos, atividades culturais e a circulação de pessoas.

Destarte, dois dias após a AGU ingressar com o citado recurso, um dos ministros do STJ concedeu liminar deferindo as demandas do governo. Assim, a partir do dia três de julho de 2020, o presidente Bolsonaro passou a ter exclusividade quanto às decisões no combate ao coronavírus no Brasil, cabendo às secretarias de saúde estaduais e municipais coordenarem, a nível local, as políticas encampadas pelo governo federal.

CAPÍTULO IV

IMUNIDADE DE REBANHO E CLOROQUINA SUBSTITUINDO AS VACINAS

Presidente Bolsonaro determina o isolamento vertical no Brasil

Logo após a decisão do STJ, a qual garantiu ao governo federal a exclusividade das decisões para o enfrentamento da pandemia, ainda no dia 3 de julho, à noite, o presidente Bolsonaro publicou um decreto acabando com todas as determinações de estados e municípios para isolamento social no Brasil, ao passo que também determinou a abertura imediata do comércio e dos setores da indústria e dos serviços que se encontrassem paralisados em virtude da pandemia, liberando também a retomada das aulas em todos os níveis da educação pública e privada, a partir do dia 6 de julho. Nessa mesma data, o presidente, ao lado do ministro da Saúde, divulgou uma portaria do MS com um conjunto de orientações para o enfrentamento da pandemia, pautadas nos princípios do modelo de isolamento vertical. É importante frisar que, no dia em que o governo determinou essa mudança de rumo no combate à pandemia, o Brasil já contava com mais de 1,8 milhão de casos de covid-19, dentre os quais mais de 90 mil mortos.

A nova política de combate à pandemia determinava que todas as pessoas idosas, com idades a partir dos 60 anos, bem como aquelas com comorbidades, deveriam ficar em casa, se necessário, trabalhando em *home office*, ou seja, as pessoas imunocomprometidas, hipertensas, obesas, com doenças cardíacas, diabéticas, doenças pulmonares, hepáticas ou aquelas com doenças renais crônicas, entre outras, seriam mantidas em isolamento social. Ademais, o Ministério da Saúde manteve as orientações para distanciamento social de ao menos um metro entre as pessoas, o uso de máscaras e constante higienização das mãos com água e sabão ou álcool em gel. Com essa decisão, o governo pretendia retomar o funcionamento normal das escolas, acelerar o motor da economia com as pessoas saudáveis, com idades entre 20 e 60 anos, enquanto protegeria os brasileiros mais vulneráveis que ficariam em isolamento social. Assim, com a grande maioria da população voltando ao trabalho, o governo não precisava prorrogar o auxílio emergencial de R$ 200, que não seria pago já a partir do início de agosto.

A partir dessa mudança, os trabalhadores do setor formal que estavam em trabalho remoto, os servidores públicos das diversas áreas e os estudantes de todas as idades se juntaram aos trabalhadores precarizados e do setor informal aglomerando nas pequenas, médias e grandes cidades brasileiras. Desde então, metrô, ônibus, restaurantes, mercados públicos, estádios de futebol, parques e casas de shows voltaram a receber as pessoas que, em grande parte, não usavam máscaras nem portavam álcool 70% em gel, como era orientado.

Assim, começava a se concretizar a expectativa do governo federal de que, com as pessoas mais jovens indo ao trabalho, às escolas e aos estádios, ou seja, levando uma vida normal, elas seriam infectadas pela covid-19, mas, por não serem dos grupos de risco, não sofreriam grandes consequências. Dessa forma, o governo supunha estar criando as condições necessárias para desenvolver uma "imunidade de rebanho" e com isso controlar a pandemia.

Entretanto, a realidade insistia em recalcitrar e fazer diferente. Ao contrário dos devaneios do presidente Bolsonaro, como consequência dessa mudança de orientação no combate à pandemia da covid-19, no mês de julho de 2020, foi registrado o maior acréscimo na quantidade de casos de contaminação. O aumento levou, em 1º de agosto, o quantitativo para mais de 3 milhões de casos de covid-19 no Brasil, incluindo mais de 120 mil mortes.

Os dados do Ministério da Saúde e das secretarias estaduais apontavam que o perfil dos casos graves da doença e dos óbitos se mantinha, principalmente entre pessoas idosas e/ou com comorbidades. No entanto, já começavam a se destacar, nessas estatísticas, pessoas na faixa etária dos 40 e 50 anos. A explicação para esse aumento exponencial nos casos de contaminação e de mortes por covid-19 pode ter como base o fato de que todas as crianças, todos os jovens e todos os adultos que estavam circulando normalmente, ao final do dia, invariavelmente, retornavam para suas casas e para a convivência com os demais familiares idosos e/ou com comorbidades.

No momento em que as pessoas que estavam levando uma vida ativa eram identificadas com a covid-19, elas se dirigiam a um hospital, ou ficavam totalmente isoladas em casa para não contaminarem os parentes. O problema é que no Brasil, em nenhum momento da pandemia, foi implementado um programa sério de testagem para contaminação do vírus SARS-CoV-2. Por conseguinte, as pessoas que procuravam uma UPA ou hospital eram aquelas que já apresentavam os sintomas clássicos da doença. Assim, os estudantes e os trabalhadores não testados para o coronavírus, mas que estavam contaminados e assintomáticos, acabavam por contaminar os seus familiares quando retornavam para suas residências. Outrossim, é fundamental considerar que o Brasil é um país com 14 milhões de diabéticos, e mais da metade desses sequer tem conhecimento do seu quadro; 25% dos brasileiros são hipertensos; 20% são asmáticos e 10% sofrem com a doença pulmonar obstrutiva crônica, a DPOC.[65] Dessa forma, é cristalino que em um país com essas características e com ausência de testagem, a pandemia da covid-19 consiga se disseminar, principalmente quando não existem muitos obstáculos. Porém, essa progressão aritmética da doença, no mês de julho de 2020, foi consequência do amalgamento das características anteriormente descritas com a decisão errada de implementar o isolamento vertical.

---

[65] BIERNATH, A. O que é isolamento vertical (e por que essa não é uma boa ideia)? **Veja-Saúde**, São Paulo, 18 ago. 2020. Disponível em: https://saude.abril.com.br/medicina/o-que-e-isolamento-vertical/. Acesso em: 8 ago. 2021.

O governo brasileiro adota oficialmente o tratamento precoce em todo o país

Diante de tal realidade, e sob orientação do presidente da República, o Ministério da Saúde publicou portaria determinando que a partir do mês de agosto todos os casos suspeitos de covid-19 deveriam ser tratados de forma imediata com as medicações constantes no chamado "kit covid": cloroquina e hidroxicloroquina, ivermectina, azitromicina, nitazoxanida (Anita) e tamiflu,[66, 67, 68] além de outras medicações, de acordo com a experiência e sob a responsabilidade exclusiva do médico com a autorização do paciente. Ademais, a mesma portaria também orientava as pessoas que estavam interagindo socialmente a fazer uso do tratamento precoce como forma de prevenção à doença. Para esse tratamento precoce, a portaria sugeria as medicações constantes no "kit covid", de acordo com a orientação médica.

Destarte, a partir da decisão do uso do "kit covid" para o tratamento dos casos leves da covid-19 e da ideia de massificar essas medicações para o tratamento precoce, o Ministério da Saúde promoveu, durante todo mês de agosto de 2020, várias atividades formativas para equipes médicas de todos os estados, as quais deveriam reproduzir as respectivas formações a nível local com os médicos e enfermeiros, para que esses se responsabilizassem pelo tratamento nos estados e nos municípios. De forma suplementar, o Ministério da Saúde organizou ainda um seminário remoto, durante dois dias, para tratar do tema com o médico Didier Raoult, pesquisador francês que recomendou o uso da cloroquina no combate à pandemia da covid-19.

---

[66] REMÉDIOS ineficazes do kit covid: o que a ciência diz de cada um. **Nexo Jornal**, São Paulo, 14 abr. 2021. Disponível em: https://www.nexojornal.com.br/expresso/2021/04/14/Rem%C3%A9dios -ineficazes-do-kit-covid-o-que-a-ci%C3%AAncia-diz-de-cada-um. Acesso em: 12 ago. 2021.

[67] KIT COVID: o que diz a ciência? **Faculdade de Medicina-UFMG**, Belo Horizonte, 29 mar. 2021. Disponível em: https://www.medicina.ufmg.br/kit-covid-o-que-diz-a--ciencia/. Acesso em: 12 ago. 2021.

[68] "MEDICAMENTOS estão sendo usados irracionalmente", alerta farmacêutico. **VEJA-Saúde**, São Paulo, 24 mar. 2021. Disponível em: https://saude.abril.com.br/medicina/medicamentos -estao-sendo-usados-irracionalmente- alerta-farmaceutico/. Acesso em: 12 ago. 2021.

Ao passo que essas atividades se desenvolviam, o governo utilizava toda a máquina pública — laboratórios, universidades, centros de pesquisas — para fazer avançar a produção dos medicamentos constantes do respectivo kit, principalmente a cloroquina e a ivermectina. Assim, o mês de agosto foi o período em que esses produtos mais foram vendidos no Brasil.

Porém, a despeito do uso intensivo do "kit covid", principalmente a partir da metade do mês, esse fez jus à fama popular e realmente foi o mês do desgosto. Durante esse período, em quase todas as capitais brasileiras, apesar dos vários hospitais de campanha construídos, os hospitais públicos apresentaram lotação superior constante de 95% nas UTIs e de 90% nas enfermarias. Em várias cidades, era comum encontrar pessoas nos corredores de hospitais e Unidades de Pronto Atendimento (UPA) aguardando atendimento. Da mesma maneira, ambulâncias ficavam retidas com pacientes na frente dos hospitais aguardando leitos. Além disso, contêineres foram alugados para servir de leitos, e caminhões frigoríficos foram contratados para conservar os corpos.

Infelizmente, essa realidade no caminho do colapso não ficou apenas nas redes hospitalares. Em várias cidades, começaram a faltar caixões (cujos preços dobraram), cemitérios precisaram contratar novos coveiros, e dezenas de novas covas foram abertas. Sepultamentos pela madrugada se espalharam por todo o Brasil; enquanto o povo, catatônico, assistia a tudo isso como se fosse um filme sobre o fim do mundo em uma das plataformas de *streaming*. Foi assim que chegamos ao final do mês de agosto, com mais de 4,5 milhões de casos de covid-19, incluindo 180 mil mortos.

Pazuello e Bolsonaro dificultam a aquisição de vacinas

Apesar do trágico momento vivido pelo Brasil, com a progressão na quantidade de casos e de mortes por coronavírus, principalmente entre os meses de junho a agosto, a esperança já ganhava formas, materializando-se nas vacinas. Ainda no mês de agosto, a farmacêutica

Pfizer tentou estabelecer tratativas com o governo brasileiro, apresentando uma oferta de 70 milhões de doses de vacinas contra a covid-19, com a promessa de as primeiras doses serem disponibilizadas no mês de dezembro de 2020,[69] mas não obteve respostas. O chocante é que a atitude deletéria do governo Bolsonaro, infelizmente, não foi tão pontual. Não foi apenas uma oferta perdida no tempo, sem resposta e sem insistências. Muito pelo contrário, de fato, hoje já é do domínio público que durante seis meses a Pfizer enviou mais de uma centena de e-mails tentando vender vacinas ao Brasil.[70]

Por seu turno, o governo federal, por meio do ministro da saúde, general Pazuello, afirmou que, inicialmente, o Brasil não fechou contrato com a Pfizer porque a empresa não se comprometeu em entregar os produtos no prazo combinado. Entretanto, essa versão do ministro foi invalidada pela revelação da farmacêutica norte-americana, que demonstrou ter encaminhado, em 27 de agosto, para o governo brasileiro, um contrato no qual assumia a restituição dos valores pagos pelo Brasil no caso do não cumprimento dos prazos.[71]

A falta de aquisição de vacinas, no momento em que a pandemia alcançava seu ápice no Brasil, obrigou-nos a reflexões de intenções nada republicanas por parte do governo, ou de ministros e de membros graduados desse governo. Destarte, nem precisaria ir tão longe para entender o desprezo pela aquisição de vacinas que consumiram anos de pesquisas no desenvolvimento de tecnologia gerais, e meses na produção específica das vacinas contra o vírus SARS-CoV-2. Não foram raras as entrevistas, as *lives* (falas ao vivo nas redes sociais da internet)

---

[69] PFIZER diz que ofereceu proposta para Brasil comprar vacinas em agosto. **CNN Brasil**, São Paulo, 8 jan. 2021. Disponível em: https://www.cnnbrasil.com.br/saude/2021/01/08/pfizer-diz-que-ofereceu -proposta-para-brasil-comprar-vacinas-em-agosto. Acesso em: 12 ago. 2021.

[70] LISTA de e-mails da Pfizer ignorados pelo governo aumenta: são 101 tentativas. **Correio Braziliense**, Brasília, 18 jun. 2021. Disponível em: https://www.correiobraziliense.com.br/politica/2021/06/4932143-lista-de- e-mails-da-pfizer-ignorados-pelo-governo-aumenta-sao -101-tentativas.html. Acesso em: 12 ago. 2021.

[71] PFIZER ressarciria o Brasil caso não cumprisse prazo de entrega, diz TV. **PODER 360**, Brasília, 14. jun. 2021. Disponível em: https://www.poder360.com.br/coronavirus/pfizer-ressarciria -o-brasil-caso-nao-cumprisse-prazo-de- entrega-diz-tv/. Acesso em: 12 ago. 2021.

ou os comentários no cercadinho, nos quais o presidente desdenhava as vacinas e desacreditava delas, assim como fazia em relação aos riscos da pandemia para a saúde e para a vida dos brasileiros.

A irresponsabilidade do governo Bolsonaro em relação à aquisição de vacinas teve início em maio de 2020, quando o Brasil se juntou aos EUA, à Índia e à Rússia, recusando-se a integrar a plataforma de cooperação internacional para impulsionar o desenvolvimento de vacinas e de remédios contra o novo coronavírus. Nessa recusa, chamou-nos a atenção o fato de que entre os quatro países, só o Brasil não estava desenvolvendo sua própria vacina, ou seja, estava se isolando e ainda sem autonomia científica para a produção do imunizante contra a covid-19 naquele momento. Apenas no mês de setembro, o Brasil passou a integrar o consórcio Covax Facility da OMS para aquisição de vacinas e, mesmo assim, fazendo a opção por aquisição da menor oferta.

No mês de junho, por um lado, o Brasil referendava o acordo entre a Fundação Oswaldo Cruz e a AstraZeneca/Universidade de Oxford para o desenvolvimento, a aquisição e a transferência de tecnologia de uma vacina produzida por essas instituições; por outro, recusava a oferta do Instituto Butantan/Sinovac para a aquisição de milhões de doses da vacina desenvolvida por esses laboratórios. No entanto, devido ao agravamento da situação, pouco tempo depois, em setembro de 2020, o Ministério da Saúde celebrou um pré-acordo para aquisição da CoronaVac, mas o presidente da República deu mais uma demonstração clara da sua incompreensão do momento pelo qual o Brasil passava e, por causa disso, desautorizou o ministro Pazuello a realizar as tratativas para a compra de 46 milhões de doses dessa vacina. Para resumir a situação, Pazuello afirmou em entrevista que "um manda e o outro obedece". Durante todo o processo de desenvolvimento dessa vacina, o presidente Bolsonaro, além de falas públicas torcendo pelo seu fracasso, agiu de modo a criar um descrédito no meio da população quanto ao imunizante do Butantã, ou "vachina", em alusão à origem chinesa do produto.[72]

---

[72] COMO Bolsonaro atacou e atrasou a vacinação na pandemia. **NEXO Jornal**, São Paulo, 21 mar. 2021. Disponível em: https://www.nexojornal.com.br/expresso/2021/03/21/Como-Bolsonaro -atacou-e-atrasou-a-vacina%C3% A7%C3%A3o-na-pandemia. Acesso em: 13 ago. 2021.

Assim, após desdenhar da Pfizer e da CoronaVac, o Brasil, com seus mais de 210 milhões de habitantes, caminhava para ser um país com a possibilidade de apenas um fornecedor direto de vacina, quando essas estivessem disponíveis. Porém, esse não era o único problema. Devido aos ataques constantes do governo ao estágio "experimental" das vacinas, desenvolveu-se, em parte da população, uma certa resistência aos imunizantes, principalmente entre os admiradores do presidente.

O brasileiro se acostumou a ver as posturas negacionistas do mandatário da nação não apenas em relação ao vírus, mas também relativas às vacinas. Foi assim que Bolsonaro desqualificou a Pfizer ao afirmar que o laboratório não se responsabilizaria por efeitos colaterais que atingissem as pessoas que poderiam "virar jacaré"; que a Corona-Vac era uma vacina em fase de testagem e não iria fazer o brasileiro de cobaia. Em um dado momento, o presidente chegou a afirmar que a vacina poderia causar morte, invalidez e anomalia; afirmou que metade da população não tomaria a vacina; insinuou que os brasileiros que se dispunham a tomar a vacina seriam, de fato, "voluntários", e, ainda mais grave, afirmou que a melhor vacina era contrair o vírus, que não tinha efeitos colaterais.[73, 74] Como consequência do comportamento negacionista do presidente, aproximadamente 50 milhões de brasileiros não demonstravam intenção de se vacinar.[75]

Porém, nos 10 últimos dias do mês de setembro, o que estava difícil ficou pior ainda. O Brasil foi impactado por dezenas de mortes na cidade de Manaus pela falta de oxigênio nos hospitais, inclusive para os pacientes já internados. O estado teve, ainda, 100% dos leitos

---

[73] MUDOU o discurso? 10 vezes que Bolsonaro desdenhou da vacina contra a Covid-19. **Último Segundo**, São Paulo, 10 mar. 2021. Disponível em: https://ultimosegundo. ig.com.br/brasil/2021-03-10/mudou-o-discurso-10-vezes -que-bolsonaro-desdenhou-da-vacina -contra-a-covid-19.html. Acesso em: 13 ago. 2021.

[74] BOLSONARO diz que "melhor vacina" contra a covid-19 é pegar a doença. **Valor--investe**, Brasília, 23 dez. 2020. Disponível em: https://valorinveste.globo.com/ mercados/brasil-e-politica/noticia/2020/12/23/bolsonaro-diz- que/melhor-vacina-contra-a-covid-19-e-pegar- a-doenca.ghtml. Acesso em: 13 ago. 2021.

[75] DATAFOLHA: 22% dos brasileiros não querem tomar vacinar contra covid-19. **Exame**, São Paulo, 12 dez. 2020. Disponível em: https://exame.com/brasil/datafolha-22-dos--brasileiros-nao-querem-tomar-vacinar-contra-covid-19/. Acesso em: 13 ago. 2021.

das UTIs de todos os hospitais públicos e privados da capital e do interior totalmente ocupados. Os resultados dos exames dos pacientes desse período indicaram uma mutação no vírus, tornando esse mais contagioso. A partir desses estudos, pesquisadores independentes levantaram a possibilidade de que essas mutações no vírus SARS-CoV-2 estariam indicando o surgimento de uma nova cepa do coronavírus, como já estava ocorrendo na Inglaterra e na África do Sul. Tais apontamentos foram totalmente rejeitados pelo Ministério da Saúde.

Durante o período mais agudo da crise da escassez de oxigênio em Manaus, o governo recusou ofertas de cilindros vindas da Venezuela e da Argentina, mas tentava, junto ao governo norte-americano, o envio de aviões cargueiros com o oxigênio, que nunca vieram. Assim, devido à inoperância do governo brasileiro em responder a esse desafio à altura, a situação piorou, e muitos outros brasileiros morreram sem oxigênio. Enquanto isso, dezenas de médicos desembarcavam na capital amazonense para fazerem mutirões, atendendo pessoas em postos de saúde e em tendas construídas nas praças e nos parques da cidade, prescrevendo preventivamente medicações como hidroxicloroquina e ivermectina. No entanto, infelizmente, a quantidade de casos e de mortos na cidade aumentava na proporção de uma progressão aritmética.

Aos poucos, a situação que se via na cidade de Manaus começou a se espalhar pelo Brasil, e o risco da falta de oxigênio passou a rondar cidades como Rio de Janeiro, Fortaleza, Belém e Salvador, que também já estavam com seus leitos hospitalares apresentando taxas de ocupação acima dos 90% para UTI e enfermarias. No dia 30 de setembro, os hospitais públicos de todas as capitais brasileiras já estavam saturados. Naquele momento, para aumentar ainda mais o drama da população, começavam a faltar os medicamentos necessários para o processo de intubação dos pacientes.

O mês de outubro chegou, sem que setembro tivesse "ido embora". No primeiro final de semana, os números apresentados pelos institutos independentes, secretarias de saúde dos estados e consórcios dos veículos de imprensa apontavam para 7 milhões de casos de covid-19, com 250 mil mortos no país. Nesse momento, o governo não conseguiu mais esconder a gravidade da situação e acabou por comunicar que circulava, em nosso país, uma nova cepa para o coronavírus, a cepa de Manaus, que passou a se chamar P1.

Diante do agravamento da pandemia no Brasil, e para surpresa de todos, ainda no início de outubro de 2020, durante uma de suas *lives* habituais, o presidente Bolsonaro anunciou a assinatura de um contrato para a compra de 20 milhões de doses da vacina indiana Covaxin, que estava iniciando a fase 3 dos testes clínicos em vários países e cujos dados relativos à fase 2 eram bastante satisfatórios. Nesse sentido, é importante frisar que na fase 3 as vacinas são testadas em milhares de voluntários para verificar a sua eficácia e segurança. Depois da aprovação nessa fase, as vacinas são liberadas para o uso na população.

Após uma semana do anúncio presidencial, o Ministério da Saúde convidou a imprensa para informar a aquisição de doses de mais duas vacinas para a imunização do povo brasileiro. Inicialmente, o ministro anunciou um contrato com uma empresa de Santa Catarina que representava o laboratório Sinovac para vendas de vacinas na América do Sul. De acordo com o ministro, seriam adquiridas 30 milhões de doses da CoronaVac diretamente da China, com toda garantia de qualidade fornecida para um produto que viria direto do laboratório principal, sem os riscos de alterações na produção, os quais seriam existentes quando esse mesmo produto é feito por laboratórios terceirizados (crítica em alusão ao Butantan). Em seguida, um dos diretores executivos do ministério anunciou a assinatura de um memorando com uma empresa de medicamentos norte-americana para aquisição de 200 milhões de doses do imunizante da Oxford/AstraZeneca. No dia seguinte, o presidente Bolsonaro afirmou, durante uma *live,* que o Brasil já havia garantido mais de 200 milhões de doses de vacinas e que, em janeiro, começariam a ser entregues e aplicadas nos braços dos brasileiros. Segundo o presidente, vacinas de verdade, feitas por laboratórios reconhecidos em todo o mundo e que também deveriam ser aplicadas nos seus países de origem. Fazendo menção indireta a vacina do Instituto Butantan, o presidente ainda aproveitou a oportunidade para alfinetar, implicitamente, o governador de São Paulo, João Dória: "[...] queriam que eu comprasse uma vacina similar de um governador camelô. Só compro de qualidade e de marca boa, o povo merece o melhor. Agora sim posso dizer que quem quiser poderá se vacinar".

CAPÍTULO V

A INTENSIFICAÇÃO DA LUTA EM DEFESA DA VIDA E DA DEMOCRACIA

Novembro de protestos, repressão e assassinatos de lideranças populares

Assim, chegou-se a novembro com um país confiscado pelos militares, com um STF formado por juristas milicianos e dominado pelo coronavírus que, nos mais de 8 milhões de km² do território brasileiro, já havia infectado mais de 9 milhões de pessoas e matado 350 mil brasileiros. Para a tristeza de todos, a situação só piorava, e novembro não seria nada azul, pois o mês já começava com todos os hospitais públicos e privados das capitais e das 100 maiores cidades do país funcionando com 100% das UTIs e enfermarias lotadas; com um percentual elevadíssimo de mortes de pessoas abaixo de 50 anos; e, também, com índice alto de contaminação e de mortes entre os jovens acima de 25 anos.

Esse mês também trouxe um revés para a política internacional do governo brasileiro, com a derrota de Donald Trump na disputa pela reeleição à presidência dos EUA. Esse resultado, além de afetar a política internacional da extrema-direita em todo o mundo, também poderia criar embaraços nos rumos da política interna bolsonarista. Porém, assim como Trump, Bolsonaro também se negava a reconhecer o resultado das eleições norte-americanas. Mas o governo brasileiro não tinha tempo para pensar em Trump nesse momento, pois a pandemia dava sinais de estar fora do controle e demandava iniciativas urgentes.

Além disso, a inflação estava a galope, o desemprego aumentava nos grandes centros, e a fome crescia no interior do Brasil. Enquanto isso, o presidente fazia discursos afirmando que já não havia mais abortos no Brasil; que as pessoas tinham direito à sua "opção sexual", mas a família voltou a ser respeitada; que finalmente, nas escolas brasileiras, agora só se discutia o que era produtivo, pois os professores deixaram de falar de ideologia de gênero e de comunismo. Bolsonaro elogiava a população pela aquisição de armas, o que estava impedindo os "bandidos arruaceiros" do MST e do MTST de invadir propriedades privadas; elogiou ainda a população das cidades, que estava reagindo e "botando os bandidos pra correr ou pra o cemitério"; e não se esquecia, também, de se vangloriar pelo crescimento do agronegócio, devido à sua iniciativa de liberar florestas e terras indígenas para a produção agropecuária. Como cereja do bolo, Bolsonaro sempre afirmava que, agora, Deus tinha voltado a abençoar o Brasil.

De fato, após tomar de assalto o STF e fazer um pacto com o centrão (parlamentares de partidos de direita que sempre estiveram ao lados dos presidentes em trocas de benesses), ainda no mês de setembro, o presidente indicou os nomes da nova composição do Supremo Tribunal Federal e enviou um conjunto de PECs e Projetos de Lei, ao Congresso Nacional, proibindo o aborto em qualquer circunstância; aprovando o porte de armas e munição para qualquer cidadão com ficha policial limpa; dificultando a abertura de processo contra policiais que cometessem crime de homicídio durante o trabalho; impedindo discussões que tocassem na palavra gênero nas escolas; aprovando o projeto "escola sem partido", que proibia qualquer discussão que abordasse temas como socialismo, comunismo e marxismo nas escolas e universidades; criando lei que determinava que o nome oficial das pessoas deveria, obrigatoriamente, ser de acordo com o sexo de nascimento; adotando um estatuto sindical e do servidor público, o qual impedia a filiação a partidos políticos e determinava que as contribuições sindicais deveriam ser feitas de forma direta pelos sindicalizados nas contas das entidades, e não mais em desconto nos contracheques. Ademais, aprovou leis permitindo o uso de terras indígenas e de parte das florestas pelo agronegócio.

Assim, após dois meses de protestos pontuais nas principais cidades do Brasil, o mês de novembro começou com movimentos em vários estados brasileiros contra a suspensão e a demissão de professores por ferirem a lei ESCOLA SEM PARTIDO; com inúmeros protestos dos respectivos movimentos, devido à elevação no número de assassinatos de mulheres e LGBTQIA+; e com a marcação de uma manifestação nacional para 15 de novembro, "pela vida, pelo emprego e pela democracia". Essa manifestação foi organizada por vários partidos políticos, da direita à esquerda, centrais sindicais, MST, MTST, UNE e vários sindicatos e organizações dos movimentos populares.

No dia 15 de novembro, pela manhã, por volta das 10 horas, a quantidade de gente nas ruas do Rio de Janeiro, de São Paulo, de Salvador, do Recife, de Porto Alegre, de Fortaleza e de Belo Horizonte já indicava que essa seria uma data inesquecível na história política brasileira. Assim, no turno da tarde, no horário previsto (às 15 horas), a multidão saiu em passeatas nas principais cidades brasileiras. No Rio de Janeiro, até as 17 horas, quando os participantes começavam a chegar na Cinelândia para o ato, tudo transcorria normalmente. O ato carioca contava com uma multidão de 500 mil pessoas. Quando começaram as falas das lideranças políticas, teve início um tumulto generalizado, na parte final da aglomeração: as pessoas corriam procurando abrigo, enquanto policiais batiam com cassetetes em todas as pessoas que encontrassem pela frente. Em determinado momento, se ouviu um barulho, como a explosão de uma bomba — mas, na verdade, eram fogos de artifício. Depois, veículos começaram a ser incendiados, não se sabe se por ação dos manifestantes ou da polícia, e tiros foram ouvidos no meio da multidão. Nesse momento, quando as lideranças começaram a descer do trio elétrico que servia de palanque para o ato, a PM chegou, batendo em todo o mundo, e prendeu sindicalistas e lideranças dos partidos (PT, PSOL, PSB, PDT, PV, REDE, PSDB, MDB, PC do B, DEM, entre outros). Entre os prisioneiros, encontravam-se os deputados Alessandro Molon, Marcelo Freixo, Rodrigo Maia, Jandira Feghali, e o ex-senador Lindbergh Farias. Além de no Rio de Janeiro, a repressão também foi forte em outros estados. Manaus, São Paulo, Belo Horizonte, Goiânia e Brasília foram cidades onde a PM ou a polícia do exército saíram às ruas para reprimir as manifestações. Em Brasília, prenderam os presidentes da UNE, do ANDES e da CUT.

O ato de São Paulo teve a participação de Lula, que falou no início da manifestação e foi embora logo após chegarem as primeiras informações sobre a violência no Rio de Janeiro. Porém, quando a repressão começou no ato da Avenida Paulista, vários parlamentares e várias lideranças da oposição ainda estavam presentes no palanque, e, assim, foram vítimas de gás lacrimogêneo jogado pela PM nos arredores do trio em que ocorriam os discursos. Assim, no meio do tumulto, a PM prendeu Guilherme Boulos e os parlamentares Ivan Valente, Orlando Silva, Sâmia Bomfim, Carlos Gianazzi, Rui Falcão e Alexandre Padilha. Além dos políticos, também foram presos lideranças sindicais, estudantes e militantes do MST e do MTST.

O saldo final da repressão expressou categoricamente a tirania do Estado brasileiro contra seu povo. Mais de 3 milhões de brasileiros foram às ruas nesse dia de luta "pela vida, pelo emprego e pela democracia". E qual foi a reação do governo brasileiro? Reprimir, calar, prender, eliminar, matar. O saldo foi de 10 pessoas mortas pela ação das polícias, da Força Nacional ou da polícia do Exército, de acordo com as forças usadas em cada cidade. Foram assassinados sete homens e três mulheres, sendo duas adolescentes. Entre os mortos, encontravam-se lideranças indígenas, sindicais, militantes do movimento negro, lideranças estudantis, um vereador de capital e o presidente nacional de um dos partidos de esquerda. Além dos assassinatos, mais de mil pessoas foram atendidas, com ferimentos, em hospitais de todo o Brasil, sendo 50 em estado grave. Além disso, mais de 500 pessoas foram presas no país.

Na manhã do dia 16 de novembro, o presidente da República divulga uma nota em que condena as ações violentas dos manifestantes, "depredando o patrimônio público e incendiando carros e prédios". Ao mesmo tempo, Bolsonaro parabeniza as forças de segurança pela ação em favor da ordem e da tranquilidade dos brasileiros que trabalham por um país melhor. Segundo o presidente, o governo iria cobrar as despesas dos deslocamentos de militares, bem como dos danos ao patrimônio público, das organizações que chamaram o ato.

No dia 17 de novembro, o Brasil já havia enterrado seus mortos; porém, mais de 300 pessoas ainda continuavam presas — entre elas, vários deputados e lideranças políticas e sociais. Essa violência do Estado brasileiro suscitou uma resposta internacional. A comunidade europeia divulgou nota condenando os atos de violência do Brasil contra a população desarmada, ao passo que suspendeu as discussões do acordo de livre-comércio com o Mercosul. Os governos da Alemanha, da Inglaterra, de França e de Portugal também condenaram veementemente a violência e exigiram o respeito aos Direitos Humanos por parte do Estado brasileiro; a ONU divulgou nota exigindo uma apuração internacional para o assassinato dos brasileiros que protestavam pacificamente, além da imediata soltura de todos os presos políticos em decorrência da manifestação de 15 de novembro. Rússia e China não se manifestaram. Na América do Sul, coube à Argentina a nota mais dura, afirmando que o Brasil estava sendo governado por uma tirania que, além de destruir o meio ambiente, agora passava a assassinar seu próprio povo. O presidente dos EUA, Donald Trump, declarou que confiava em Bolsonaro para resolver os conflitos; já o presidente eleito, Joe Biden, exigiu respeito à Constituição brasileira e aos Direitos Humanos. Durante todo o mês de novembro, foi grande a comoção no Brasil e no exterior.

Além dos assassinatos contra o seu próprio povo, o governo Bolsonaro era o grande responsável pelas centenas de milhares de mortos pela pandemia, no Brasil, o que piorou ainda mais em novembro. Além da cepa brasileira P1, esse mês também marcou a disseminação, no Brasil, da cepa sul-africana, e, assim, o país ia se consolidando como a segunda principal vítima da covid-19, com 15 milhões de casos e 420 mil mortos, ficando atrás apenas dos EUA. Para além do Brasil, outro país que escandalizou o mundo foi a Índia, com a explosão de casos de contaminação e mortes por covid-19, nos meses de outubro e novembro, provocados por novas mutações no coronavírus, que originaram a variante indiana, denominada posteriormente de delta.

A leitura política que se faz sobre o excesso de violência e o assassinato de lideranças sociais, promovidos pelo governo Bolsonaro, no mês de novembro, é de que o presidente aproveitou o momento em que Trump continuava na presidência dos EUA e a oportunidade do ato do dia 15 para mostrar que não iria ceder com a eleição do novo governo norte-americano, bem como que não toleraria mobilizações populares contra o seu governo, deixando claro que a violência seria a primeira opção sempre.

A chegada da variante delta no Brasil e a crise do oxigênio atingindo o Rio de Janeiro e o Ceará

No início de dezembro, após pressões das Nações Unidas, o governo brasileiro solta quatro centenas de prisioneiros, incluindo todos os menores de idade; mas ainda manteve 50 lideranças sociais presas, sob a acusação de comandarem "atos de desordem e de violência contra as forças policiais". Guilherme Boulos continuava entre os prisioneiros, e, com isso, o presidente Bolsonaro cumpria, em parte, uma das suas promessas de campanha direcionada à esquerda. Ainda faltava prender Fernando Haddad, que, assim como Lula, estava escondido em algum lugar do Brasil. Por medidas de segurança, o PT decidiu tirar seus dois principais quadros nacionais de circulação, para evitar que fossem vítimas da violência direta do Estado, por ação do governo, ou de violência praticada por alguma milícia bolsonarista.

Logo no início de dezembro, os especialistas começaram a perceber um aumento significativo nos casos de covid-19 e, também, no número de mortos no Rio de Janeiro, em Fortaleza e em Manaus, o que destoava dos números das demais cidades brasileiras. Não demorou muito, e o que todos temiam se confirmou: nessas três cidades, já havia o predomínio da variante delta. Ao passo que se tinha essa confirmação, o pior aconteceu: centenas de pessoas morreram por falta de oxigênio nessas três cidades. Ademais, nas outras capitais e em cidades médias do Brasil, o caos também predominava, e o país chegou a contar mais de 5 mil mortos em vários dias seguidos. Nesse mês, centenas de pessoas morreram nas ruas, em frente aos hospitais, em várias cidades brasileiras. Voluntariamente, o povo começava a ir para a frente de prefeituras e sedes dos governos exigir solução. Dezenas de protestos ocorriam, diariamente, em várias cidades brasileiras.

Ao perder totalmente o controle da situação sanitária do país, o governo tomou novas iniciativas, cujo objetivo claro era impedir mobilizações populares em defesa da vida e, consequentemente, o aumento ainda maior da pressão por atendimento nos postos e hospitais espalhados pelo país. Assim, Bolsonaro publicou decreto proibindo as pessoas com sintomas da covid-19 de saírem de casa, até mesmo para procurar atendimento médico. A partir de então, todo o atendimento médico seria remoto, e apenas os casos graves receberiam documentos autorizando a hospitalização.

Com o agravamento da situação, os jovens convocaram, voluntariamente, por meio das redes sociais, um grande ato, no Anhangabaú, para o dia 24 de dezembro, em defesa da vida. Nos dias que antecederam a manifestação, as redes sociais ficaram repletas de ameaças, as quais foram espalhadas a fim de impedir a participação das pessoas. Vários perfis falsos ameaçavam com bombas, tiros, atropelamentos e facadas quem participasse da manifestação. No dia 24 de dezembro, com mais de 200 mil pessoas nas ruas, mais uma vez os brasileiros foram vítimas da violência covarde dos bolsonaristas. Enquanto os jovens discursavam e dançavam ao som de rap, hip hop, funk e forró, surgiram homens mascarados atirando nas pessoas e, em outra parte do ato, 10 jovens foram esfaqueados. No final, foi confirmado um assassinato e mais de 20 pessoas feridas.

Em dezembro, a variante delta se interiorizou pelo país, e os casos de covid-19 cresceram em progressão geométrica. A população brasileira foi duramente atingida pela doença, e os profissionais de saúde estavam totalmente exaustos e assustados com a inexistência de medidas preventivas para reduzir a força da pandemia, além de com a falta de medicamentos para intubação e o crescente percentual de casos e mortes nas equipes hospitalares. Como forma de chamar a atenção do governo para a extrema gravidade da situação e de exigir a implantação urgente de medidas preventivas, a exemplo de um *lockdown* nacional, os médicos que trabalhavam nas capitais dos estados brasileiros decidiram fazer uma paralisação de 50% do efetivo durante o dia 28 de dezembro.

A resposta do governo veio de forma imediata. O próprio presidente Bolsonaro fez uma *live* durante a qual afirmou que o seu governo tinha feito todos os esforços para barrar a pandemia, e que a gravidade da situação se devia aos governos do PT que, durante 14 anos, só se preocuparam em construir estádios e fazer investimentos para a Olimpíada e a Copa do Mundo, enquanto abandonavam a saúde, com poucos investimentos na construção de hospitais. O presidente afirmou, ainda, que não admitiria que meia dúzia de médicos comunistas fizessem badernas pelo país e paralisassem o atendimento aos brasileiros que sofriam pela pandemia. O presidente afirmou, igualmente, que não faria *lockdown*, para não quebrar a economia do país, pois, de uma forma ou de outra, as pessoas continuariam morrendo. Para ele, os brasileiros precisariam ser fortes, orar e pedir a Deus proteção e coragem para superar o mal, como sempre fizeram os cristãos, ao longo da história. Assim, o dia programado para a paralisação parcial dos médicos teve a adesão dos profissionais de enfermagem, que decidiram fazer o mesmo protesto, porém, durante todo o dia.

No dia da paralisação por um *lockdown* nacional e em defesa da vida dos médicos e enfermeiros brasileiros, o que se viu foram hospitais lotados e pouco efetivo para fazer o atendimento. Em um hospital do Rio de Janeiro e em um de Belo Horizonte, a população não respeitou a fila por atendimento e invadiu não apenas o setor de recepção, que já tinha muita gente e mantinha o distanciamento social de um metro, mas os corredores e espaços reservados aos profissionais de saúde. Ao adentrarem nos espaços hospitalares, as pessoas pegavam os leitos que se encontravam em manutenção, deitavam-se no chão dos quartos e corredores e pediam soro e cloroquina para tentarem se salvar da doença. No meio da manhã, começaram a circular imagens, na internet, de médicos e enfermeiros chegando aos hospitais para trabalhar, sendo trazidos pela polícia e pelo exército. Foi assim que o governo Bolsonaro tratou a situação: pegou as escalas de plantões nos hospitais e colocou a Força Nacional de Segurança e o Exército a caçarem os trabalhadores da saúde e os levarem para os hospitais, compulsoriamente. Quem se negava tinha prisão decretada. No final do dia, após o encerramento do protesto, 20 médicos e 10 enfermeiros do comando nacional de mobilização estavam presos por organização de badernas, ações contra a saúde pública e desacato à autoridade.

Assim, chegamos ao final do ano de 2020 com 9,51% de inflação, 22 milhões de desempregados e uma redução de 14,75% no Produto Interno Bruto. No Brasil de 2020, centenas de professores foram demitidos ou afastados do trabalho por tratarem de temas como os direitos das mulheres; o respeito às pessoas LGBTQIA+; democracia e estado laico; pedagogia do oprimido; e por orientarem seus alunos a lerem os livros de economia política fundamentada no marxismo. Ademais, vários funcionários públicos foram punidos, até mesmo com a demissão, por participarem de atos ou terem feito postagens na internet criticando o governo. Nesse novo Brasil, as áreas sob o controle do tráfico, nas grandes cidades, foram "pacificadas". Qualquer pessoa vista com drogas devia ser denunciada ao comando da *Polícia Pacificadora* da comunidade, quem visse e não denunciasse seria preso por associação ao tráfico. Com a implementação dessa política, muitos jovens foram mortos ou presos como traficantes; em alguns casos, até mesmo seus pais, reconhecidamente inocentes, foram presos por associação ao tráfico. Dessa forma, o controle do tráfico sobre as comunidades foi desaparecendo.

"Pacificadas", as favelas das capitais e grandes cidades brasileiras passaram agora a contar com a ajuda informal de *associações de empreendedorismo* locais, que ofereciam segurança, serviços de energia, gás, internet e transporte interno (mototáxi) e externo (Kombis e vans) para a população. Além disso, essas associações também indicavam creches e planos de saúde para os associados. Os moradores dessas comunidades eram obrigados a participar dessas associações e pagavam uma taxa de R$ 50 mensais — além de pagarem outras taxas, caso desejassem fazer uso de qualquer serviço. O detalhe é que, para o pagamento em dinheiro, o desconto era sempre de 20%. Geralmente, o conselho dessas associações era composto por lideranças da comunidade e voluntários externos, visto que a direção executiva das *associações de empreendedorismo* geralmente contava com nove dirigentes, dentre os quais, uma pessoa da comunidade, sendo os demais escolhidos dentre os voluntários. Além da inovação com a criação de novos negócios nas comunidades, chamava a atenção também o fato de que os voluntários que participavam dos conselhos e das direções executivas dessas associações eram todos policiais militares da ativa e, em alguns casos, da reserva. Ou seja, apesar do estatuto jurídico e do nome fantasia de *associações de empreendedorismo*, na verdade, era a velha e criminosa milícia que ganhava legalidade nas hordas do governo fascista brasileiro.

Acabou o fatídico ano de 2020, com o avanço da variante delta por todo o país, 20 milhões de brasileiros já infectados pela covid-19 e 530 mil mortos pela doença. Em 31 de dezembro, dezenas de líderes políticos, sindicais, populares, indígenas e estudantis, além de lideranças da organização "Médicos e Enfermeiros por Vida e Democracia" encontravam-se presos nos quartéis brasileiros. Enquanto isso, as milícias dominavam os morros, a planície e o Planalto. Muitos pastores e suas igrejas enriqueciam com as creches, a educação infantil, as policlínicas populares e as clínicas para recuperação de usuários de drogas, as quais tinham convênio com o governo. Essa era a cara do Brasil dominado pelo fascismo tupiniquim no ano de 2020.

Antes de encerrar o ano, às 18 horas do dia 31 de dezembro, o ex-presidente Lula e o ex-candidato a presidente Fernando Haddad concederam uma entrevista coletiva em Paris, onde tinham acabado de chegar para receber asilo político, ante o risco de morte que corriam no Brasil. Lula pediu ao povo brasileiro para não desistir, para continuar lutando, pois, assim como aconteceu na Europa, no Brasil, o fascismo também seria derrotado.

CAPÍTULO VI

PARTICIPAÇÃO DE BOLSONARISTAS NA TENTATIVA DE GOLPE TRUMPISTA APROFUNDA A CRISE NO GOVERNO BOLSONARO

Milicianos bolsonaristas na invasão do Capitólio nos EUA

O ano de 2021 começa com uma enorme pressão do povo brasileiro pela aquisição de vacinas. Desde o dia 8 de dezembro de 2020, quando a britânica Margaret Keenan, com 90 anos, tornou-se a primeira pessoa no mundo a receber uma dose da vacina da Pfizer, a esperança tomou conta do Brasil. Assim, em janeiro de 2021, quase todos os países da Europa já estavam vacinando sua população e, na América Latina, México, Costa Rica, Chile e Argentina já estavam imunizando suas populações desde dezembro.

No Brasil, o governo anunciava que estava prestes a receber as primeiras doses da vacina de Oxford/AstraZeneca. No mesmo comunicado, o governo também anunciou que aguardava a definição da chegada das primeiras doses da CoronaVac, vindas diretamente do laboratório da Sinovac, na China, e do primeiro lote da vacina indiana Covaxin. Porém, todas as vacinas ainda precisariam receber o aval da Anvisa para uso emergencial no país. A vacina da AstraZeneca e a CoronaVac foram aprovadas para uso emergencial na população brasileira em 17 de janeiro de 2021. Entretanto, nessa data, a Fiocruz ainda não dispunha de doses da vacina de Oxford para fornecer ao governo brasileiro, que decidiu, então, comprar doses emergenciais da representante indiana da AstraZeneca. Além disso, o Brasil aguardava a chegada da carga chinesa, com 5 milhões de doses da vacina CoronaVac, enquanto o Instituto Butantan vendia e distribuía 10 milhões de unidades desse mesmo imunizante para países da América Latina. Ou seja, enquanto Bolsonaro e Dória travavam uma guerra particular, o Brasil produzia e exportava vacinas para o povo latino-americano, enquanto os brasileiros continuavam morrendo sem a chance de se vacinarem. Para complicar ainda mais o início da vacinação no Brasil, a conclusão dos relatórios da fase 3 de testes da vacina indiana Covaxin atrasou, e a previsão de entrega dos produtos ficou para o mês de março.

Finalmente, para a alegria de todos, o lote com 2 milhões de doses de vacinas contra covid-19 da AstraZeneca/Oxford, fabricadas pelo Instituto Serum, na Índia, chegou ao Brasil em 22 de janeiro; e, no dia 25, começou a ser aplicada na população brasileira, sendo uma técnica de enfermagem de São Paulo a primeira cidadã a receber o imunizante no Brasil. Por orientação do Plano Nacional de Imunização, os primeiros vacinados foram os profissionais de saúde, e, posteriormente, seriam os idosos.

Além da pandemia e da escassez de vacinas, outro tema que chamava a atenção do Brasil, no período, era a crise política nos EUA. No dia 6 de janeiro, um grupo de apoiadores de Donald Trump, presidente dos EUA em final de mandato, invadiu o Congresso norte-americano para impedir a confirmação da vitória do democrata Joe Biden. Essa invasão do Capitólio foi incentivada por Trump, momentos antes da sessão do Congresso, ao afirmar que não aceitaria o resultado, orientando seus apoiadores a marcharem até o prédio do Parlamento. Quando chegaram ao local, os manifestantes não enfrentaram grandes resistências e passaram por cima dos poucos seguranças, que não conseguiram dar conta da multidão. Nesse momento, senadores e deputados saíram do local da sessão e foram para uma sala mais segura, no mesmo prédio, enquanto o vice-presidente,

Mike Pence, que presidia a sessão, foi retirado do prédio. No fim, os invasores não conseguiram atingir seus objetivos, mas deixaram um saldo de cinco mortes, sendo a de um segurança e as de quatro militantes. Em resumo, a turma de Trump tentou dar um golpe, mas não conseguiu apoio entre as forças armadas e acabou fracassando no seu intento.

Porém, o que chama a atenção, nesse fato, é o envolvimento de brasileiros. No dia 8 de janeiro, um blogueiro brasileiro foi preso no aeroporto de Washington, dentro do avião, instantes antes de decolar de volta ao Brasil. De acordo com a CIA, analisando as imagens da invasão, percebeu-se que o blogueiro fez parte da segunda linha de invasores, e dava orientação às pessoas sobre quais caminhos deveriam seguir por dentro do Capitólio. Além disso, deu cobertura a um grupo de invasores, enquanto rendiam e amarravam um segurança em uma das salas do prédio. Foi tudo muito rápido, e, em menos de 10 minutos, com o prédio tomado pelos invasores, o brasileiro saiu do recinto e tomou destino ignorado. O detalhe dessa história é que esse homem é um militante bolsonarista, e, semanalmente, fazia um programa ao vivo, direto de Miami, em uma rede social, divulgando a importância das ideias do presidente Bolsonaro em sintonia com a ideologia trumpista. Nos dias que se seguiram à prisão desse blogueiro, mais dois brasileiros foram presos, nos Estados Unidos, por agentes da CIA, devido à participação na ação que culminou com a invasão do Capitólio.

Em 20 de janeiro de 2021, Joe Biden tomou posse na presidência dos EUA e fez um discurso dizendo que não aceitaria ingerência de governos estrangeiros na política norte-americana, afirmando que todos que contribuíram para a tentativa fracassada de golpe seriam responsabilizados. Uma semana após a posse do novo presidente dos EUA, o diretor da CIA fez uma conferência de imprensa para demonstrar para o povo estadunidense como foram o planejamento e a execução da tentativa de golpe. Para a surpresa de todos, o núcleo externo organizador da ação tinha base no Brasil.

O delegado do FBI responsável pela investigação do caso apresentou o relatório final indicando que os líderes da mobilização da massa de apoiadores de Trump e invasores do Congresso norte-americano passaram por treinamentos no Brasil, em uma fazenda no estado do Tocantins. Durante os depoimentos, os brasileiros detidos confirmaram, aos investigadores norte-americanos, os treinamentos realizados em ações de mobilização e radicalização das massas para um grupo de 30 militantes trumpistas, ministrados por militantes da extrema-direita brasileira que comandaram as mobilizações pelo impeachment de Dilma, por um policial e um delegado brasileiro, que são parlamentares e, também, por três agentes da CIA, especialistas em criar distúrbios, com experiência nas ações da Primavera Árabe. Ainda de acordo com os depoimentos dos brasileiros detidos, a responsabilidade pela construção do núcleo brasileiro para organização das ações políticas e dos distúrbios para o 6 de janeiro, bem como pela locação do espaço onde foram feitos os treinamentos, ficou a cargo de um assessor do Palácio do Planalto muito próximo à família do presidente. Quando retornaram para os EUA, as lideranças foram para seus estados de origem, a fim de mobilizar a base trumpista a se deslocar para Washington, onde deveriam ficar nos 15 dias finais do mandato. Na capital do país, o núcleo dirigente das ações se encontrava na mansão de um agropecuarista brasileiro, onde planejaram, em detalhes, todos os passos para a ação do dia 6 de janeiro. Após a exposição dos fatos, o FBI afirmou que os brasileiros continuariam presos, à disposição da justiça norte-americana.

No dia seguinte à apresentação do relatório das investigações pelo FBI, o governo norte-americano suspendeu todas as políticas de cooperação militar com o Estado brasileiro, retirou o apoio à demanda brasileira de ingresso na OCDE e proibiu a venda de qualquer equipamento militar ao Brasil, por empresa norte-americana ou estrangeira, com insumos tecnológicos americanos. O presidente norte-americano, Joe Biden, ressaltou que essa decisão valeria, no mínimo, até quando o governo brasileiro decidisse contribuir com as investigações, respondendo ao pedido de informações já enviado pelo Departamento de Estado norte-americano.

Nesse novo cenário, o governo brasileiro deixava não apenas de ser um dos aliados prioritários dos EUA na América Latina, como se tornava um dos principais alvos de retaliações políticas de Washington. Essa nova postura do governo norte-americano era muito importante para enfraquecer a ditadura neofascista que estava instalada em Brasília e tentava se consolidar.

No dia seguinte à decisão do governo dos EUA, um grupo de militantes da extrema-direita fez um protesto na frente da embaixada norte-americana em Brasília e não apareceu ninguém das forças militares para garantir a segurança. O ato contou com aproximadamente mil pessoas com faixas e cartazes afirmando que Joe Biden fraudou as eleições norte-americanas com ajuda do governo chinês, que ele seria um lacaio comunista, dentre outras afirmações. Por volta das 16 horas, antes de encerrar os protestos, várias pessoas jogaram pedras e fogos de artifícios na direção do imóvel em que funciona a embaixada. No dia posterior, o governo dos Estados Unidos formalizou uma queixa na ONU, acusando o governo brasileiro de negligência na proteção da embaixada norte-americana, ao passo em que pedia uma investigação rigorosa para apurar se houve incentivo do governo Bolsonaro — ou de pessoas ligadas diretamente a ele — aos protestos ou atos de violência.

Pandemia descontrolada, povo nas ruas e crise no governo

Como reação à queixa formal do governo norte-americano na ONU, a Polícia Federal, por orientação de Bolsonaro, designou um delegado especial para se dedicar exclusivamente à investigação dos atos de protesto na frente da embaixada dos EUA. Enquanto isso, a covid-19, em sua variante delta, continuava se espalhando pelas pequenas cidades brasileiras e matando mais de 3 mil pessoas por dia. Em paralelo, a vacinação parecia não avançar; ao mesmo tempo, o governo Bolsonaro e seu Estado repressor começavam a perder o controle da população que, voluntariamente, fazia protestos, diariamente, contra a fome e as mortes causadas pela covid-19, em todos os estados brasileiros.

Porém, ainda na primeira semana do mês de fevereiro, chegou da China um carregamento com dois milhões de doses da vacina CoronaVac, anteriormente encomendadas pelo governo brasileiro. Esse lote de vacina foi utilizado para concluir a primeira dose da vacinação dos profissionais de saúde e começar a vacinar as pessoas com mais de 90 anos. Entretanto, no mesmo dia em que o governo iniciou essa nova fase de imunização, o Brasil bateu um novo recorde, com 250 mil casos e 5.035 mortes, pela covid-19, em um único dia. Esse fato veio corroborar a tese, entre cientistas brasileiros (os quais, desde a segunda semana de janeiro, apontavam um acréscimo na quantidade de casos e de mortes nas grandes cidades do país), de que os números poderiam ser um indicativo de uma nova mutação na variante delta, ainda mais mortal. Diante desse fato, além das análises feitas por laboratórios e centros de pesquisa no Brasil, foram enviadas amostras de sangue, coletadas dos pacientes com covid-19, para análises em laboratórios de referência na Inglaterra.

O mês de fevereiro de 2021 mal começara e parecia que não teria fim, para o governo Bolsonaro. Em uma reunião extraordinária, ainda no início do mês, e em meio a um novo estouro de casos de coronavírus, a Anvisa decidiu não autorizar a importação da vacina Covaxin. Segundo a agência: "Não é possível determinar a relação benefício-risco da Covaxin com as informações disponíveis até o momento", ao que acrescentou que "A área técnica identifica risco de uso da vacina Covaxin nas condições atuais."[76]

Em mais um dia de protestos, milhares de brasileiros saíram às ruas, de forma voluntária, em várias cidades do país, carregando faixas e cartazes em defesa da vida, da vacina, por comida e pela volta da democracia. Devido ao medo da repressão, a grande maioria dessas manifestações não tinha sequer um carro de som — as falas eram em caixas de som portáteis ou em megafones, ou ainda, como aconteceu em várias cidades, os discursos eram feitos por vídeos *ao*

---

[76] ANVISA não autoriza importação da vacina indiana Covaxin contra covid-19. **Exame**, São Paulo, 31 mar. 2021. Disponível em: https://exame.com/brasil/anvisa-nao-autoriza-importacao-da-vacina-indiana-covaxin-contra-covid-19/. Acesso em: 20 ago. 2021.

2020: O BRASIL NA IDADE DAS TREVAS

vivo pelo Instagram, acompanhados pelos participantes na rede social da organização do ato, a qual só era conhecida durante a manifestação e não se repetiria na próxima atividade.

Assim, após uma semana de muitas mortes, as chegadas e os cancelamentos de vacinas; a suspeita de uma nova variante brasileira do coronavírus; o aumento de preços dos combustíveis, que beiravam os R$ 10,00 por litro (no caso da gasolina, em locais mais distantes); o aumento no valor do botijão de gás, que chegava a R$ 140,00 em alguns estados; mais um aumento no preço da energia elétrica; a ameaça de racionamento; e aumento nos preços da cesta básica — enfim, carestia por todos os lados da vida dos brasileiros — potencializaram as mobilizações que ocorreram, no sábado, com milhões de pessoas nas ruas. Em várias cidades, no final das manifestações, alguns supermercados foram saqueados, com as pessoas levando exclusivamente alimentos para casa. Mais uma vez, houve uma forte repressão nas capitais, e várias pessoas saíram feridas dos confrontos com a polícia, especialmente em Brasília e em São Paulo, onde as manifestações foram mais vigorosas e sofreram os maiores ataques, por parte da Força Nacional de Segurança e do batalhão de choque e a cavalaria da PM, que, perdidos por não terem palcos nem carros de som para identificar as lideranças, espancavam qualquer pessoa que tivesse com um equipamento de som.

Em Brasília, o ato mobilizou aproximadamente 50 mil pessoas, na Esplanada dos Ministérios, a partir das 14 horas. Panfletos, faixas e cartazes denunciavam a carestia e a miséria, chamavam de fascista e genocida o governo Bolsonaro e exigiam a volta da democracia. Às 17 horas, quando a multidão marchava em direção ao Palácio do Planalto e já se posicionava em frente ao Congresso, apareceu um Chevette ano 1979. Em menos de cinco minutos, os jovens tiraram as caixas de som de dentro do carro, ligaram o sistema de caixas e amplificadores e começaram a retransmitir os discursos gravados por Lula, Erundina, Marina, Ciro Gomes, Flávio Dino, Manuela d'Ávila, Marcelo Freixo, Glauber Braga, FHC, Fernando Haddad, Paulo Câmara, Randolph Rodrigues, Marília Arraes, Rodrigo Maia,

Fátima Bezerra, Rui Costa, Camilo Santana, Dória etc. Houve até retransmissão de discurso de Marielle Franco, gravado ainda na época em que era vereadora do Rio. Todos esses discursos tinham falas de um ou dois minutos no máximo. Não demorou muito, e a polícia começou a atacar com bombas de gás lacrimogêneo e avançar com os cavalos em direção à multidão, mas o "Chevette elétrico" não parava um só instante. Agora, as mensagens transmitidas pelas caixas de som vinham diretamente de um *smartphone*, que conclamava a massa a marchar pacificamente em direção ao Palácio do Planalto. Enquanto a polícia avançava contra a multidão, um grupo de *black blocs* enfrentava os policiais, enquanto os celulares e as câmeras das emissoras de TV transmitiam, ao vivo, para todo o mundo. Até que a polícia chegou ao Chevette e começou a quebrá-lo com pancadas de cassetetes. De repente, um coquetel molotov foi jogado no carro e provocou o incêndio do veículo, além de queimaduras em alguns policiais, o que os deixou ainda mais enfurecidos, e consequentemente, aumentou o nível da pancadaria.

Enquanto isso, por volta das 19 horas, ainda no Distrito Federal, na cidade-satélite do Gama, na sede do Batalhão de Pronta Resposta (BPR), uma unidade de elite da Força Nacional de Segurança Pública, um veículo van da Polícia Militar chegou, trazendo duas pessoas detidas devido aos atos de Brasília: um homem e uma mulher, aparentando, cada um, 30 anos de idade, ensanguentados e, junto a eles, cinco policiais. Eles passaram pelo portão de controle do quartel e chegaram até a recepção do batalhão, onde foram atendidos por uma funcionária terceirizada que os orientou a seguirem para o 2º andar e aguardarem o oficial de plantão, o qual deveria receber os presos.

Ao caminhar pelo prédio, percebeu-se que ele estava praticamente deserto. Antes de chegarem ao 2º andar, foi visto apenas um policial, em uma sala, e um funcionário fazendo a limpeza dos corredores. Quando chegaram ao andar indicado, perguntaram ao policial, encontrado logo na entrada, em qual cela deveriam deixar as pessoas detidas no ato. Logo em seguida, eles entraram em um corredor em que perceberam quatro celas, e uma delas estava ocupada por um homem. Quando o policial abriu a grade da cela ao lado, para colocar as pessoas trazidas pela Polícia Militar, recebeu um mata-leão de um dos "falsos PMs", enquanto o outro colocava uma máscara de borracha sobre seu nariz, provocando desmaio imediato. Posteriormente, dois homens começaram a imobilizá-lo, enquanto os demais abriram a cela ao lado e retiraram o homem que estava preso.

Em seguida, eles se dirigiram até o 1º andar, pela escadaria de segurança do prédio. O preso liberto foi orientado a sair por uma janela da mesma escadaria, juntamente a uma dupla de *policiais*. Os demais PMs saíram naturalmente, com a van, pela entrada principal, e foram embora. Quanto ao grupo que saiu pela janela, ele se dirigiu para a parte de trás do batalhão e entrou em um veículo sedã. Dois deles entraram no porta-malas, e o outro deitou-se no chão, atrás do banco do motorista, com diversos pacotes por cima. Em seguida, o carro foi conduzido pelo homem que trabalhava na limpeza do corredor. Ao chegar ao portão, o motorista deu boa-noite à dupla de policiais que controlava a entrada e, como de costume, perguntou se eles queriam revistar o veículo antes de ele sair. Eles prontamente respondem que não, e, assim, o carro saiu do BPR. Porém, o carro não chegou a rodar nem um quilômetro: foi parado por três carros da polícia e revistado, mas o prisioneiro não estava mais lá.

Assim que saíram do batalhão, logo após um quarteirão, o veículo da fuga parou, e os dois *"falsos policiais"* desceram e tomaram destino ignorado, enquanto o prisioneiro subiu em uma moto e sumiu pela cidade. Por outro lado, a van que foi usada pelos falsos policiais (para entrar no batalhão e conduzir o resgate) foi abandonada na beira da BR, e os policiais pegaram motos e sumiram pelo matagal. Dessa forma, após quatro meses de prisão, passando por diversos locais do país, Guilherme Boulos foi liberto, sem ao menos saber onde estava. É importante salientar que toda essa operação foi acompanhada por um *drone* que mostrava todo o movimento ao redor do BPR, dando as coordenadas para o sucesso da ação. Na mesma noite, após chegar a um local seguro, Boulos gravou um vídeo, que publicou nas redes sociais, chamando o povo para lutar em defesa da vida, lutar para ter feijão com arroz e bife no prato, para ter onde morar e para viver em um país democrático. Disse ainda que não sairia do país e que fugiu da prisão e da tortura para lutar, junto ao povo, pela volta da democracia.

Na segunda-feira, com dezenas de pessoas presas devido aos atos do sábado, o governo não se limitou a lamentar a fuga de Boulos, ao qual chamava de terrorista diabólico e comunista, mas anunciou um prêmio de R$ 100 mil para quem indicasse o local exato onde ele se encontrava. Nesse mesmo dia, o governo anunciou a saída do ministro Pazuello e a nomeação do cardiologista Marcelo Queiroga como novo ministro da Saúde. No seu discurso de despedida, o general anunciou que estavam chegando três milhões de doses da vacina Oxford-AstraZeneca, que haviam sido compradas de uma companhia norte-americana de medicamentos, além da entrega, no prazo de 10 dias, de mais dois milhões de doses da vacina produzida pela Fiocruz. Entretanto, o anúncio da chegada de novas doses de imunizantes não foi suficiente para animar a população, que sofria com uma mortandade na ordem de 5 mil pessoas, ao dia, no Brasil, enquanto o Instituto Butantan já havia exportado perto de 30 milhões de doses de vacinas para países vizinhos, os quais já imunizavam suas populações.

Ademais, além de todos esses problemas que os brasileiros viviam e das dificuldades crescentes enfrentadas por Bolsonaro para dar conta de administrar uma crise gigante, que ele próprio criou, as eleições para as mesas da Câmara Federal e do Senado Federal deixaram rusgas, entre o presidente e seus aliados, que não cicatrizaram. O presidente, além de decidir apoiar dois nomes do bloco de parlamentares conhecido como "centrão", deu carta branca a eles para conduzirem todo o processo de composição das comissões do Parlamento. Ao final de todo esse processo, alguns parlamentares ficaram descontentes com as decisões tomadas e se sentiram preteridos.

Nesse mesmo período, um servidor graduado e em cargo de chefia no Ministério da Saúde, cujo irmão era deputado federal e aliado do presidente Bolsonaro, fez uma grave denúncia, em um telejornal, às 20:30, na qual afirmou ter sido substituído naquele cargo por questionar uma ordem de pagamento antecipado na compra das vacinas. O contrato com a Covaxin era de R$ 1,6 bilhão para a aquisição de 20 milhões de doses do imunizante. Segundo esse servidor, o pagamento seria feito, sem a entrega dos produtos, para uma empresa que nem constava no contrato, mas que tinha sido indicada pela representante da Covaxin no Brasil. Ela receberia um pagamento antecipado, no valor de US$ 45 milhões, por 300 mil doses do imunizante — e não pelos quatro milhões previstos para a primeira entrega. Ainda de acordo com o servidor, circulou informação, entre funcionários graduados, de que gestores do Ministério da Saúde pediam propina para compras de vacinas que eram oferecidas ao Ministério. O presidente da República foi alertado do que estava ocorrendo no Ministério da Saúde e nada fez para impedir a bandalheira, mesmo afirmando que sabia quem comandava a corrupção.

Além dessas irregularidades na compra da vacina indiana, simultaneamente sugiram denúncias de corrupção na aquisição das vacinas CoronaVac, importadas da China, e das vacinas de Oxford/ AstraZeneca, compradas de uma empresa norte-americana.

De acordo com um ex-policial, que atuou como intermediário da empresa norte-americana que vendeu a vacina de Oxford/Astra-Zeneca ao governo brasileiro, teria sido pedida uma propina de um dólar por dose. A denúncia foi feita em uma entrevista ao jornal *Folha de São Paulo*. Da reunião da propina, participaram o denunciante e representantes do Ministério da Saúde. Apesar de tornar pública a empreitada de corrupção para a compra das vacinas, até mesmo indicando os nomes das pessoas que participaram da reunião com pedidos de propina, o denunciante afirmou que não poderia dar mais detalhes, porque, após ele garantir a venda dos produtos, chegaram dois executivos norte-americanos que assumiram a conclusão do negócio diretamente com os representantes do governo brasileiro. Além das graves denúncias de corrupção na compra de doses da vacina AstraZeneca de atravessadores norte-americanos, ocorreu a mesma situação na compra da CoronaVac chinesa. As denúncias, que envolvem o ex-ministro da Saúde, trazem a público que o General Pazuello:

> [...] se comprometeu a assinar um contrato para aquisição de 30 milhões de doses da vacina chinesa CoronaVac, do laboratório Sinovac, de intermediadores — e por quase o triplo do valor da mesma vacina ofertada pelo instituto brasileiro Butantan.[77]

De acordo com a reportagem que denunciou o *coronagate*, o preço de US$ 28 por dose do imunizante é praticamente o triplo da CoronaVac do Butantan.

Depois da enxurrada das graves denúncias acompanhadas por documentos, vários parlamentares da oposição e da base do governo passaram a falar na instalação de CPI para apurar os fatos. Governadores, prefeitos das capitais e até mesmo ministros militares se posicionaram sobre a gravidade da situação. Além da classe política, a Febraban, as principais entidades empresariais e representantes do agronegócio também se posicionaram, exigindo explicações urgentes do governo.

Diante dos novos fatos, a UNE e as frentes de luta convocaram a população, pelas redes sociais, para novos atos contra a corrupção, pela vida e pela democracia, em todas as capitais brasileiras, para o dia seguinte. Às 16 horas do dia marcado, mais de 500 mil brasileiros lotaram as ruas de todas as capitais do país. Em Recife, o ato foi marcado por vários bonecos de Olinda com figuras de Bolsonaro, ministros e outras personalidades do *"coronagate"*; já em outras capitais, o sucesso foram as máscaras com os *"coronadolar"* na bandeira brasileira. O ato aconteceu de forma pacífica, o que não se via desde a implementação da nova fase do golpe.

No dia posterior aos atos, a imprensa norte-americana publicou matérias sobre a impaciência de Joe Biden em relação à inoperância do presidente Bolsonaro no campo ambiental. De acordo com o presidente norte-americano, o esvaziamento do Ibama e do ICM-Bio demonstravam a intenção do governo brasileiro em fragilizar o cumprimento das leis ambientais. Isso indicava um sinal verde para

---

[77] PAZUELLO prometeu comprar CoronaVac com preço três vezes maior. **Correio Brasiliense**, Brasília, 16 jul. 2021. Disponível em: https://www.correiobraziliense.com.br/politica/2021/07/4938021-pazuello -prometeu-comprar-de-intermediarios- -coronavac-com-preco- mais-elevado-veja-video.html. Acesso em: 20 ago. 2021.

o crime atuar na Amazônia. A fala de Biden deixou todo mundo na expectativa: será que ele tinha alguma informação confidencial? Algo que ainda iria estourar? Não demorou muito e, ainda no mesmo dia, veio à tona mais um escândalo: o ministro do Meio Ambiente, Ricardo Salles, passou a ser investigado pela PF, acusado de participação em um esquema de contrabando de produtos florestais. As denúncias partiram de autoridades norte-americanas sobre anormalidades nas cargas de madeiras enviadas para os EUA. Essas denúncias foram o estopim para as investigações. De acordo com a PF, as suspeitas são de "crimes de corrupção, advocacia administrativa, prevaricação e facilitação de contrabando por meio da exportação ilegal de madeira, que teria sido cometido por agentes públicos e empresários do ramo madeireiro. Além de Salles, estão entre os investigados 10 funcionários do Instituto Brasileiro do Meio Ambiente e dos Recursos Naturais Renováveis (Ibama) e do Ministério do Meio Ambiente, que foram nomeados pelo ministro e afastados de seus cargos".[78]

Diante das denúncias de corrupção, o presidente Bolsonaro afirmou que era tudo mentira e armação de uma imprensa comunista, que agia sempre no sentido de quebrar o Brasil. Bolsonaro disse ainda que o Brasil não precisava de CPI para investigar nada, pois não havia o que investigar, e, na verdade, tem gente merecendo é "levar uma coça" para deixar de ser mentiroso. Quanto às denúncias contra o ministro Ricardo Salles, Bolsonaro afirmou que são armações de um governo esquerdista que tinha roubado as eleições nos EUA e que era obcecado por questões ambientais, usando isso para prejudicar o Brasil. Por conseguinte, como resposta ao governo brasileiro, a Secretaria de Comércio dos EUA suspendeu todo o processo de compra de produtos de madeira e do agronegócio brasileiro que tivessem origem nas regiões Norte ou Centro-Oeste do Brasil.

No paraíso do coronavírus, a pandemia continuava avançando, e a nova cepa, surgida a partir da variante delta, tomava conta do Brasil;

---

[78] EUA entregaram ao Brasil detalhes que levaram PF a Salles por suspeita de contrabando de madeira ilegal. **El País**, São Paulo, 19 maio 2021. Disponível em: https://brasil.elpais.com/brasil/2021-05-20/eua-entregaram -ao-brasil-detalhes-que-levaram-pf-a-salles-por -suspeita-de-contrabando-de-madeira -ilegal.html. Acesso em: 20 ago. 2021.

a fome e a miséria assolavam as periferias das grandes cidades e o interior do país; a inflação estava em alta, atingindo todas as áreas da vida da população; à exceção do Rio de Janeiro e de São Paulo, todas as outras capitais tinham corte de eletricidade por pelo menos quatro horas por dia, enquanto nas demais cidades o tempo de apagão era de acordo com o tamanho do município, podendo atingir até 12 horas, nas menores cidades brasileiras; os recursos do Fundo de Participação dos Estados e dos Municípios tiveram queda acentuada no mês de janeiro e para fevereiro a previsão era ainda mais negativa; alguns estados já ameaçavam atrasar pagamento de salários dos funcionários. A tudo isso somavam-se as dezenas de militantes presos pelo Estado fascista, os milhares de mortos pela covid-19, as sérias denúncias de corrupção com propinas bilionárias na compra das vacinas e a proibição norte-americana para ingresso de produtos de madeira e do agronegócio brasileiros em seu território.

Enquanto muitos brasileiros morriam e outros eram presos e torturados pela repressão do Estado, alguns setores continuavam lucrando com nossa desgraça e apoiando o governo Bolsonaro. O Brasil era um país à beira do precipício já há bastante tempo. Então, finalmente, diante do quadro de falência geral do país, o restante do apoio que Bolsonaro tinha no empresariado, no agronegócio e entre os militares evaporou muito rapidamente. Só alguns líderes religiosos continuavam prestando-lhe apoio, para vencer as "forças do mal". Assim, diante da nova configuração de forças, no campo das oposições, um novo ato pelo impeachment de Bolsonaro foi marcado para o dia 20 de fevereiro.

Diante dessa possibilidade de construção de um grande campo político para pôr fim ao golpe bolsonarista, as forças do campo progressista, além de setores centristas da política, se articularam e construíram um superpedido de impeachment de Bolsonaro, com o apoio de várias centenas de entidades sociais, trabalhistas, empresariais, movimentos e partidos políticos, da esquerda à direita.

O superpedido teve mais de 100 entidades nacionais signatárias, a assinatura de 213 deputados federais e de mais 200 personalidades dos mundos intelectual, artístico, empresarial e sindical. Esse novo pedido unificou os pontos principais de mais de uma centena de outras demandas de impeachment já protocoladas na Câmara. Os principais argumentos apresentados tinham por base crimes praticados pelo presidente da República contra o Poder Judiciário, com a destituição dos ministros do STF; contra a existência da União; contra o livre exercício do Poder Legislativo e dos poderes constitucionais dos estados; contra o exercício dos direitos políticos, individuais e sociais; contra a segurança interna; contra a probidade na administração; contra a guarda e o legal emprego do dinheiro público; contra o cumprimento de decisões judiciárias; crimes de prevaricação em relação à suspeita de corrupção nos vários contratos de compra de vacina de laboratórios diversos; crimes contra a humanidade durante a pandemia; e, ainda, crimes contra a economia nacional e a segurança nacional, quando, na condição de chefe da nação, determinou greves de caminhoneiros e, também, greves da Polícia Militar em vários estados brasileiros.

Além do pedido de impeachment, a comissão pluripartidária, com representantes da sociedade civil, apresentou, ao Procurador Geral da República, um relatório implicando o ex-ministro da Saúde, general Eduardo Pazuello, por prevaricação, improbidade administrativa e pela má gestão no Ministério da Saúde, durante a pandemia, e por crimes contra a saúde pública, sendo a acusação de omissão criminosa nas mortes por falta de oxigênio em Manaus. Também foi implicado por causa da falta de ações preventivas para evitar que o mesmo fato ocorresse em outras cidades brasileiras, sendo essa a principal base para a acusação. No mesmo documento entregue à Procuradoria Geral da República, é demandado, ainda, que Pazuello fizesse o ressarcimento de R$ 122 milhões aos cofres públicos, recursos gastos, de forma ilegal, para comprar medicamentos sem eficácia comprovada para o combate à covid-19, os quais fizeram parte do tratamento precoce.[79]

Quando chegou o dia 20 de fevereiro, mais de quatro milhões de pessoas lotaram as ruas pedindo o impeachment do presidente Bolsonaro. Uma multidão de 300 mil pessoas ocupou a Avenida Paulista, enquanto aproximadamente 500 mil pessoas tomaram conta do centro da cidade do Rio de Janeiro. Nas outras capitais brasileiras, também foram registradas as maiores manifestações da história. Em Brasília, a Esplanada dos Ministérios estava lotada. Também se calculou um público em torno de 500 mil pessoas, às 17 horas, quando uma comissão entrou na Câmara dos Deputados para entregar o pedido de impeachment do presidente da República ao presidente da Câmara.

Enquanto, dentro da casa legislativa, a comissão entregava o pedido de destituição do presidente da República, do lado de fora, o trio elétrico transmitia os discursos das lideranças presentes e, também, as falas de Lula e Haddad, direto de Paris, e de Guilherme Boulos — que falava no meio da multidão, em um dos atos que ocorriam, em alguma cidade brasileira (a qual, por medida de segurança, não foi revelada). Às 18 horas, quando artistas nacionais se apresentavam no ato de Brasília, começou um tumulto, na parte lateral direita da concentração da multidão, seguido de correria para todos os lados. Quando um grupo grande começou a se aproximar do Palácio do Planalto, foram disparados vários tiros de balas de borracha, carros começaram a ser incendiados, e a cavalaria entrou em ação, atacando pessoas que estavam nas outras extremidades da concentração, sem nenhum envolvimento nos tumultos. Também avançou fortemente contra a multidão na frente do Palácio. Os tiros eram disparados, indistintamente, no meio da multidão. Enquanto pessoas caíam

---

[79] MPF acusa Pazuello de causar prejuízo de R$ 122 milhões à União por gestão na pandemia. **Terra**, Brasília, 2 jul. 2021. Disponível em: https://www.terra.com.br/noticias/brasil/politica/mpf-acusa-pazuello-de-causar-prejuizo-de-r-122-milhoes-a-uniao-por-gestao-na-pandemia,e246be60c642352f1fae640236970bbaopjbc530.html. Acesso em: 21 ago. 2021.

sangrando e gritando de dor, eram pisoteadas por quem passava correndo. Helicópteros começaram a sobrevoar e disparar bombas de gás lacrimogêneo e balas de borrachas em toda a extensão do ato. Ambulâncias começaram a chegar para socorrer as vítimas, e, só então, começou-se a perceber que nem todas estavam feridas por balas de borracha: alguns apresentavam ferimento por munição letal. A Praça dos Três Poderes virou uma praça de guerra, enquanto a Esplanada dos Ministérios era a via de fuga dos tumultos, porém, totalmente cercada, onde se encurralavam as pessoas que tentavam sair da confusão.

Ao mesmo tempo que as pessoas eram trucidadas em Brasília, algo semelhante acontecia em São Paulo e no Rio de Janeiro. Nessas cidades, a Polícia do Exército e a da Força Nacional de Segurança reprimiram duramente os participantes da manifestação, com as mesmas armas e violência que em Brasília. Porém, nessas duas capitais, percebeu-se a presença de homens sem farda espancando as pessoas, durante as manifestações, e atirando a esmo, no meio do povo, no momento em que todos corriam e procuravam abrigos para fugir das agressões dos militares. Ações de violência também foram registradas em outras capitais, porém não tiveram a mesma intensidade.

Além do uso descomunal da força bruta contra a população civil desarmada, esse dia 20 de fevereiro também foi marcado pela invasão dos Estúdios Globo (Projac) por militares, os quais ocuparam todos os espaços e tiraram a programação da emissora do ar, ato que foi feito também nos estúdios da emissora em Brasília e em São Paulo. Entretanto, se a invasão dos estúdios impediu que os telejornais do início da noite mostrassem para o país a carnificina bolsonarista, às 23 horas, a emissora conseguiu colocar seu jornal do final de noite no ar, ao vivo, transmitido de dentro de um veículo, em uma cidade do interior nordestino. Interagindo com os repórteres no Rio, em São Paulo e em Brasília, pela internet, o noticiário mostrou para todos os brasileiros os inúmeros crimes cometidos pelo presidente.

À noite, por volta das 22 horas, já se tinha uma contagem parcial das vítimas da violência militar nas três capitais. Foram 47 mortos, incluindo cinco crianças menores de 10 anos: uma delas, morta pisoteada por cavalos do Exército em Brasília; duas crianças foram vítimas de pancadas por cassetetes; e as outras duas levaram tiros na cabeça. As demais 42 vítimas fatais foram todas assassinadas por tiros. Entre elas, percebeu-se que quatro mulheres e dois homens LGBTQIA+ tinham sofrido violência sexual antes de serem assassinados, em corredores e em ruas escuras, no Rio de Janeiro. Na contagem dos feridos graves, 300 pessoas foram registradas com escoriações diversas pelo corpo, e 110 pessoas deram entrada nos hospitais como vítimas de balas de borracha atiradas nos olhos — dessas, pelo menos 70 perderam a visão de forma definitiva.

No dia seguinte, enquanto anunciava a exoneração de alguns assessores acusados de corrupção pela PGR, que estavam sob investigação da Polícia Federal, o presidente disse que não teria impeachment no Brasil e que só existiam três possibilidades para ele: ser preso, ser morto ou vencer. Em seguida, ele disse: "Pelo que nós vimos ontem, eu nem serei preso nem morto, pois eu que comando as armas e dito as regras; meu único futuro é a vitória". Segundo o presidente, não adiantava colocar 200 mil pessoas na rua e ficar acusando-o de violento, pois ele não tinha outra saída, a não ser reagir para se defender dos ataques. "As pessoas que morreram foram para a guerra conscientes do que poderia acontecer", disse o presidente.

CAPÍTULO VII

A HORA DA VERDADE

A história do capitão do Exército Brasileiro Jonas Wolf

Nos anos de 1920, após a Primeira Guerra Mundial, o sargento Wolf era uma criança, com 10 anos, no meio de uma família cuja história era marcada pela dedicação dos homens à vida militar da Prússia. Seu pai, nos seus momentos de saudosismo, contava para ele histórias heroicas do seu bisavô, o capitão Wolf, durante a guerra franco-prussiana, vencida pelo reino da Prússia e pelos demais estados germânicos. O principal resultado dessa guerra foi a realização do sonho do chanceler Otto von Bismark de unir todos os estados germânicos, o que ficou conhecido como a Unificação Alemã. Porém, essa história de bravura e heroísmo na família Wolf, durante o fortalecimento do reino da Prússia, deu lugar a uma vida muito dura e de humilhações, como a da maioria dos alemães, devido à recente derrota na 1ª Guerra Mundial. Enquanto outros homens da família lutaram na 1ª Guerra, essa parte da família Wolf era dedicada ao comércio. A década seguinte à 1ª Grande Guerra foi de extrema dificuldade para o povo alemão, que tinha sido demasiadamente penalizado pelo Tratado de Versalhes, que, além de confiscos territoriais e bloqueios militares e econômicos, impôs a cobrança de 20 bilhões de marcos alemães em ouro, em valores da época, como indenização pelas perdas financeiras dos aliados na guerra, que deveriam ser pagos até 1921. Porém, algum tempo depois, parte dos aliados, principalmente franceses e britânicos, decidiram exigir dos alemães mais de 200 bilhões de marcos em ouro, sendo a última parcela paga apenas no ano de 2010.

Foi nesse cenário de crises, com falências e aberturas de novos comércios, entre os anos 1918 e 1930, e odiando ingleses e franceses, que o menino Wolf cresceu e virou homem. Aos 20 anos, já estava casado quando decidiu retomar a história da família e entrar para o exército alemão, na cidade de Hanover, onde sua família tinha se instalado, após migrar do interior do estado alemão da Baixa-Saxônia. No Início dos anos 1930, no final do período áureo da República de Weimar, quando ele entra para o exército, o país já começava a viver uma nova crise econômica, como consequência da quebradeira da bolsa de Nova York, o que gerou milhões de desempregados. Esse fato ampliou a descrença nos políticos tradicionais e abriu espaços para a ascensão do nazismo.

Em 1939, quando eclodiu a Segunda Guerra Mundial, Wolf já era um prestigiado sargento do exército alemão, continuava morando em Hanover e tinha um casal de filhos. Durante a guerra, ele partiu para várias missões no estrangeiro, principalmente durante a ocupação nazista na França. Ele sentia um verdadeiro prazer de estar participando da ocupação francesa, um dos países responsáveis pela vida difícil que ele teve na infância. Ele ficou todo o período da ocupação em Paris, para onde também levou a família. Suas missões em território francês estavam relacionadas a ações de inteligência e de contraterrorismo. Em junho de 1944, quando os aliados recuperaram toda a região da Normandia francesa, o sargento Wolf decidiu enviar sua família de volta para a Alemanha. Entre junho e agosto, todos os dias os aliados avançavam em direção a Paris. Por volta do dia 10 de agosto, o sargento Wolf concluiu a sua última missão na capital francesa. Após dias de investigação, ele desbaratou uma célula de militantes comunistas que trabalhavam na La Poste, empresa pública de correios francês, e estava organizando uma greve geral que deveria eclodir nos dias seguintes. Dois dias depois, ele recebeu ordem de partir em direção à região da Alsácia, na fronteira com a Alemanha, onde deveria atuar para evitar ações da resistência francesa que favorecessem a retomada da região pelos aliados e, consequentemente, pela França. Nessa época, ele já estava ficando atormentado com a possibilidade de perder a guerra e reviver toda a penúria da infância. Em 25 de agosto, com a libertação de Paris, o sargento Wolf recebeu ordens de voltar para a Alemanha com os demais militares que ainda estavam em solo francês, com a missão de se reapresentar à sua unidade.

Porém, logo que entrou em território alemão, o sargento Wolf se dirigiu para Hanover onde, sem dizer nada a ninguém, pegou a mulher e os dois filhos, entregou novos documentos para eles, com novos nomes, e viajou para a cidade de Hamburgo, onde pegaram um navio mercante em direção à América do Sul. Antes de fazer essa viagem, o sargento Wolf, junto de alguns oficiais alemães, cometeu alguns roubos em estabelecimentos comerciais franceses e em casas de campo, o que lhe possibilitou algum recurso financeiro para a viagem, bem como para recomeçar a vida em algum lugar do mundo. Foi por meio desses parceiros que ele ficou sabendo que um navio partiria nos próximos dias para a América do Sul e decidiu dar um outro rumo à vida. Depois de alguns dias no mar, surgiu um surto de pneumonia que acabou atingindo muita gente a bordo, inclusive causando algumas mortes. Quando o navio fez uma parada próximo ao Brasil, para reabastecimento, o sargento Wolf pediu para desembarcar com a família, à procura de um hospital para a filha e a mulher, as quais já apresentavam sintomas de pneumonia.

Eles entraram no barco que fazia o reabastecimento do navio alemão e partiram em direção ao porto de Paranaguá, onde desembarcam em território brasileiro. Imediatamente, pediram informações aos trabalhadores do Porto e levaram a filha e a esposa para um hospital público municipal. O atendimento no hospital brasileiro permitiu a recuperação da mulher, mas a filha não suportou a infecção e morreu. A partir de então, setembro de 1944, o sargento Wolf, com 34 anos, decidiu morar no Brasil, inicialmente em Paranaguá, com a esposa e o filho Alexander Wolf, de apenas 6 anos. Assim, com o ouro roubado dos franceses durante a 2ª Guerra, ele comprou um sítio de 100 hectares na zona rural de Paranaguá e começou a trabalhar com a agricultura.

Entretanto, semanas antes da rendição alemã, em 7 de maio de 1945, ele é contatado por um trabalhador do Porto, dizendo que um comerciante alemão precisaria falar com ele no dia seguinte, na cafeteria do porto.

Nessa conversa, o sargento Wolf ficou sabendo que o oficialato alemão já tinha identificado a presença dele no Brasil e queria dar a ele a missão de formar um grupo de agentes para facilitar a vinda e o acolhimento, para o Brasil, de militares nazistas e de suas famílias que fugiam da desgraça que os aguardava com o fim da guerra. A partir de então, ele passou a trabalhar, disfarçadamente, como agente alemão no Brasil, recebendo e encaminhando dezenas de oficiais que fugiram, para o Brasil ou Argentina. Além disso, ele foi parte da equipe que preparou a vinda do médico nazista Josef Mengele para o Brasil. No início da década de 1960, o sargento Wolf foi sequestrado e capturado por agentes franceses, os quais o levaram para Paris, onde foi condenado à prisão perpétua por crimes contra a humanidade, no período que serviu na ocupação nazista da França. Com a condenação do sargento Wolf na França, restou a Alexander, então com 22 anos, e a sua mãe e irmã, nascida no Brasil, darem continuidade aos negócios da família, que incluíam um sítio e uma importadora.

O ano de 1970 foi marcado pela morte do sargento Wolf, em uma prisão francesa, mas também pelo casamento de Alexander Wolf com uma médica brasileira e a sua mudança para Curitiba. Em 1980, a família de Alexander Wolf, empresário de sucesso, viu nascer o seu terceiro e último filho: Jonas Wolf. A criança foi educada em sintonia com a cultura brasileira, mas também foi muito influenciado pela cultura alemã e pela história de bravura da família, ao longo dos séculos, na Prússia e agora na Alemanha.

Jonas cresceu sabendo que seus avós tiveram uma vida difícil devido à "extorsão" que os vencedores da 1ª Guerra Mundial impuseram à Alemanha, "roubando-lhes" terras e riquezas, e que tudo que seu avô fez na Segunda Guerra foi para recuperar a honra alemã, pois ele nem sequer sabia o que acontecia nos campos de concentração. Além disso, Jonas Wolf foi educado para ter ódio dos comunistas que mataram milhares de alemães na batalha de Stalingrado, incluindo um tio-avô seu e, também, por invadirem Berlim, derrotarem Hitler e aprisionarem milhares de alemães, incluindo quatro primos do seu pai. Como se não bastasse tudo isso, o seu avô, o sargento Wolf, só foi preso devido a um grupo não governamental comunista que caçava nazistas que participaram da ocupação francesa. Assim, Jonas cresceu odiando tudo que significasse comunismo.

Em 2001, Jonas Wolf concluiu seus estudos na Aman e começou a carreira como aspirante do Exército. Nesses 20 anos, Jonas Wolf construiu carreira militar de dar orgulho à história de sua família. Participou de várias missões internacionais do Exército Brasileiro. Na política, ele odeia o "comunista" e ex-presidente Fernando Henrique Cardoso pelo fato desse ter abandonado as Forças Armadas na sua gestão; também odiava Lula por "apoiar a invasão de terras, como todo comunista", mas passou a ter alguma simpatia pelo fato de ele ter feito alguns investimentos tecnológicos na área. Porém, passou a odiá-lo ainda mais quando finalmente se "comprovou" que ele era corrupto. Assim, quando surgiu a candidatura de Bolsonaro para derrotar os comunistas, ele não apenas apoiou, como se dedicou, de corpo e alma, durante toda a campanha. Com Bolsonaro já no governo, ele sempre se oferecia para ser responsável local pela segurança do presidente, quando esse estava por Curitiba.

Durante a pandemia, ele assumiu o discurso bolsonarista de que a pandemia foi invenção da China; do risco do globalismo cultural; da volta do comunismo; da inutilidade do uso das máscaras e de que a vacina era uma arma dos comunistas chineses e seus aliados pelo mundo. Para Jonas, quanto mais as pessoas se vacinassem, mais a política chinesa era vitoriosa. Logo, deveríamos encontrar alternativas para a pandemia que não passassem pelo uso da vacina e, de acordo com a perspectiva de Trump e Bolsonaro, a Cloroquina seria a melhor alternativa. Afinal, o presidente se tratou com hidroxicloroquina. A partir dessa compreensão, Jonas apoiava as iniciativas do governo de não comprar vacinas, e, quando finalmente essas chegassem, ele não se vacinaria e orientaria a sua família a ter o mesmo comportamento, incluindo seus pais, já idosos.

Assim, em dezembro de 2020, Jonas pegou a covid-19, foi intubado e, após cinco dias, foi extubado. Porém, ele ainda ficou 10 dias no hospital militar e só 30 dias depois foi que voltou para o trabalho. Durante o período de sua internação, ele autorizou o uso de hidroxicloroquina e demais medicamentos do chamado kit covid. Ao final, creditou a sua rápida recuperação aos médicos do Programa de Voluntariado Paranaense (Provopar)[80] pela:

> [...] coragem científica de ousar, e não ficar vendo as pessoas morrerem em casa. Pois a minha recuperação e a minha vida eu devo a esses homens e mulheres que de forma tão eficiente me salvaram com o uso dos medicamentos do kit covid.

Com a divulgação de sua fala, rapidamente ele se tornou uma das pessoas mais comentadas nas redes bolsonaristas do Paraná e de todo o Brasil.

Porém, ainda fragilizado, na reta final do seu período de internação, Jonas viu seus pais darem entrada no hospital por terem contraído a mutação da variante delta da covid-19. Imediatamente, providenciou tudo para que eles fossem transferidos para São Paulo, onde os hospitais do plano de saúde Prevent Senior apresentavam ótimos índices de recuperação de idosos contaminados por covid-19. Ele tinha certeza da recuperação dos seus pais. Entretanto, as coisas não aconteceram como Jonas Wolf esperava. No dia 12 de fevereiro, ele perdeu os pais para o coronavírus. Imediatamente, ele determinou que toda a família fosse para o sítio, para onde ele também foi logo em seguida, para ficar os 15 dias que o exército lhe deu de folga. Durante esse período, Jonas teve vários dias de insônia, ficou bêbado em alguns momentos e foi visto chorando pelos cantos da casa. Nos momentos em que estava sóbrio e tranquilo, gostava de ver a programação das emissoras de TV alemãs. Pelo olhar vazio, era possível perceber a tristeza tomando conta de sua alma, mas ele já demonstrava sobriedade e um pouco de resignação. Assim, como

---

[80] CURITIBA tem centro para "tratamento imediato" contra Covid. **Plural**, Curitiba, 24 mar. 2021. Disponível em: https://www.plural.jor.br/noticias/vizinhanca/curitiba--tera- centro-para-tratamento-imediato- contra-covid/. Acesso em: 25 ago. 2021.

que recuperando a coragem e a disposição para a vida, no dia 26 de fevereiro, ele deixou a família no sítio e voltou para Curitiba, onde seria promovido a major do Exército Brasileiro, pelas mãos do presidente Bolsonaro.

A ditadura milico-miliciana começa a desmoronar

No dia 22 de fevereiro de 2021, Bolsonaro determinou a ocupação das ruas pelos militares, suspendeu o direito à manifestação em todo o país e deliberou toque de recolher em todo o território nacional a partir das 20 horas. Ele determinou ainda que, exceto nos terminais de transportes públicos e locais de trabalho, estava proibido aglomerar mais de três pessoas. De fato, Bolsonaro estava agindo para evitar novas manifestações que pudessem empurrar o seu governo para o fim. As últimas movimentações do governo Bolsonaro demonstravam que o próximo passo do golpe seria o fechamento do Congresso Nacional e o cerceamento total das liberdades individuais.

No mesmo dia, cinco senadores da oposição entraram com uma ação no STF ilegítimo para que o governo retirasse o exército das ruas. No dia seguinte, para a surpresa de todos, a "suprema corte" decidiu que as tropas não poderiam ocupar as ruas por período superior a três dias. Assim, imediatamente, a Frente Democrática marcou um grande ato nacional para o dia 26 de fevereiro.

Enquanto o governo tentava organizar sua máquina de opressão para dar um golpe final, veículos de imprensa denunciaram que um hospital, pertencente a um plano de saúde, realizou experiências médicas com pacientes sem a devida autorização, com o objetivo de verificar a eficácia da cloroquina e da hidroxicloroquina no tratamento da covid-19. Além disso, esses experimentos também não tinham autorização de nenhum comitê de ética para pesquisas com seres humanos. Ademais, a denúncia enfatizava ainda que só os "resultados positivos" desse estudo foram divulgados no relatório da pesquisa, enquanto os óbitos ocorridos durante os experimentos com o uso da cloroquina foram escondidos da população. Além disso, houve os casos de um importante médico defensor do tratamento precoce e da mãe de um megaempresário, sendo esse um aliado importante do presidente, tanto no meio político quanto no empresarial. A situação se tornou ainda mais grave quando se constatou que essas iniciativas contavam com o apoio do presidente da República.[81] De acordo com os denunciantes, essas pesquisas não apenas eram do conhecimento do governo federal, como tinham o acompanhamento do "gabinete paralelo" para enfrentamento da pandemia, além da ciência do Ministério da Saúde, de modo que o próprio presidente da República chegou a citar o estudo, em uma de suas *lives*, para exemplificar o sucesso da hidroxicloroquina no tratamento da covid-19, com taxa zero de mortes entre os pacientes tratados com o kit covid.

As últimas denúncias sobre experimentos ilegais com seres humanos no tratamento da covid-19 ampliaram a descrença e a desesperança do povo brasileiro para com o governo Bolsonaro. Ademais, todos os dias surgiam fatos novos que indicavam que o governo não tinha mais margem de manobra. Com isso, a história já começava a cobrar sua fatura.

Em 24 de fevereiro, foram confirmados os dados econômicos relativos ao ano de 2020. Esse foi um ano em que nenhum setor da economia funcionou a contento, apesar de o governo ter dado um golpe e determinado a abertura de todos os setores em plena pandemia. Esse foi também um ano em que o povo passou ao menos cinco meses sem auxílio emergencial e que esse teve o valor de apenas R$ 200. Foi um ano em que os saques nos armazéns e nos supermercados se ampliaram pelo país, enquanto a miséria tomava conta dos semáforos, das portas das igrejas e das entradas de padarias; um ano em que várias indústrias automobilísticas foram embora do país e que outros setores econômicos quebraram totalmente. Nesse dia, o ano de 2020 foi numericamente descrito para o Brasil com a confirmação da inflação em 9,51%, com o desemprego acima dos 18% e com 20% dos brasileiros vivendo abaixo

---

[81] EXCLUSIVO: Prevent Senior ocultou mortes em estudo sobre cloroquina, indicam documentos e áudios. **G1**, São Paulo, 16 set. 2021. Disponível em: https://g1.globo.com/sp/sao-paulo/noticia/2021/09/16/investigada- na-cpi-da-covid-prevent-senior-ocultou-mortes-em-estudo-sobre- cloroquina-apoiado-por-bolsonaro.ghtml. Acesso em: 18 set. 2021.

da linha da pobreza, ou seja, mais de 40 milhões de pessoas na mais completa miséria; o que demonstra coerência com a queda de 14,75% do Produto Interno Bruto (PIB) brasileiro.

Os dados econômicos são gravíssimos e demonstram o quanto o governo da extrema-direita foi incompetente para administrar um gigante chamado Brasil, seja em uma democracia ou em uma ditadura. Mas, de toda sorte, nós já sofríamos as consequências da destruição da economia no dia a dia, e isso já refletia no descrédito do governo. Porém, os novos ventos que sopravam do norte da América indicavam um período de aprofundamento nacional e internacional de desgaste do presidente Bolsonaro.

De fato, após quase dois meses de investigação, o FBI divulgou o relatório sobre a participação de brasileiros na tentativa de golpe de 6 de janeiro de 2021, quando houve a invasão do Capitólio. De acordo com o relatório, o blogueiro bolsonarista preso por participação nos atos fez um acordo com o Ministério Público norte-americano, no qual ele indicou a participação direta do presidente Bolsonaro no fracassado evento. De acordo com o seu depoimento, o presidente brasileiro tinha conseguido a fazenda e toda a infraestrutura que seria utilizada para treinamento no Brasil. Além disso, agiu indicando empresários no Brasil e nos EUA que poderiam contribuir direta e indiretamente para as ações. Ele próprio foi encarregado pelo presidente para tocar em frente toda a organização política e logística, no que cabia aos brasileiros, tendo recebido 1,5 milhão de dólares por essa missão. Assim, diante da confirmação da participação do nosso governo na tentativa de golpe trumpista nos EUA, o presidente Joe Biden decidiu suspender todas as relações comerciais existentes entre empresas norte-americanas e brasileiras. Também, por tempo indeterminado, suspendeu todos os acordos nos setores militares, científicos e acadêmicos. Ampliando ainda mais a reação norte-americana, Biden determinou ao secretário de Estado o total apoio ao pedido de investigação de Bolsonaro no Tribunal de Haia por crimes contra a humanidade, formalizado por entidades indígenas e dos direitos humanos no Brasil. Logo após essa bombástica revelação e a decisão do presidente Biden, políticos da oposição, líderes empresariais, reitores, cientistas e artistas de todo o país repudiaram enfaticamente a intromissão do presidente brasileiro em assunto doméstico dos EUA. Como desdobramento dessas manifestações, no dia seguinte, foi publicada uma carta assinada pelas principais entidades empresariais, pelo clube de reitores das universidades públicas, por artistas e intelectuais, pelas centrais sindicais e pelos movimentos sociais em geral, pedindo o impeachment do presidente da República.

Parece-nos que somente após a quebra das relações comerciais com os EUA é que a elite brasileira percebeu o buraco em que se encontrava, pois compreendeu que a próxima iniciativa do governo Biden seria um bloqueio total do comércio internacional brasileiro, o que traria prejuízos enormes às grandes empresas e ao agronegócio. De nada adiantou a quebradeira das pequenas e médias empresas nacionais, já que nossas elites fecharam os olhos para a miséria espalhada por todos os lugares do país e não se incomodaram com as centenas de milhares de mortos pela covid-19. Elas não sentiram a morte, a prisão e a tortura de centenas de ativistas nos calabouços das trevas. Apenas no momento em que viram a dimensão dos riscos presentes e futuros para os rumos dos seus negócios é que finalmente se incomodaram com o governo Bolsonaro. A elite brasileira deu provas de que para ela o que menos interessa é se o risco do comunismo existe ou não, mas se isso aumenta seus lucros, deve ser falsamente divulgado que há perigo comunista. Para a nossa elite, não importa se o kit covid funciona, ela vai fazer propaganda contra as vacinas em um dia, mas, no outro, correrá pra se vacinar nos EUA. A turma da Farias Lima/Avenida Paulista batia palmas para o discurso de globalismo do ministro das Relações Exteriores enquanto se conectava com as bolsas internacionais para conferir seus lucros. Para nossa elite, não importava se a Terra fosse plana ou redonda ou se os falsos pastores enricavam enquanto vendiam a Deus em nome do falso messias. No fundo, o que contou para a elite brasileira, nesses anos de governo da extrema-direita, foi o fato de esse ter o poder destrutivo sobre a limitada política de bem-estar social conquistada a partir da Constituição de 1988. Em nome desse objetivo, a elite empresarial brasileira levou o país para o fundo do poço, e agora, diante dos riscos iminentes, decidiu se juntar ao restante do país para pôr fim a esse descalabro.

Destarte, no dia 26 de fevereiro, por decisão do STF ilegítimo, o exército já tinha voltado aos quartéis e liberado as ruas. Assim, a partir das 9 horas, o povo começou a chegar na Esplanada dos Ministérios, no centro do Rio de Janeiro e na Avenida Paulista, demonstrando que esse seria um dia de forte participação popular. Por volta das 16 horas, verdadeiras multidões já tomavam conta das áreas de concentração em todas as capitais e nas cidades médias brasileiras. Nesse dia, as ruas estavam repletas de trios elétricos, carros de som e fanfarras. Apenas a Polícia Militar estava presente acompanhando a movimentação. As pessoas chegavam com cartazes e camisas com frases como "Democracia Já", "Fora Genocida", "Cadeia para a Familícia", "Fora, Bolsonaro", "Vacina no Braço" e "Comida no prato", "Fora Militares", "Democracia Urgente", entre outras. A multidão vibrava com os discursos das lideranças da oposição e com as músicas de libertação cantadas pelos nossos artistas.

Os atos pelo #26F foram confirmados em mais de 500 cidades brasileiras. O povo demonstrava não suportar mais tanta fome, miséria e morte, enquanto as famílias do poder central nadavam em corrupção e compravam mansões milionárias. Mais de um quinto da população brasileira estava vivendo com menos de um dólar por dia, enquanto havia generais ocupando cargos e embolsando mais de R$ 200 mil, além de ministros e secretários do governo federal recebendo um dólar de cada vacina comprada pelo país. Nesse histórico dia 26 de fevereiro, o que se viu foram milhões de pessoas nas ruas guiadas pelo tema central das manifestações: "Impeachment Já: Por Democracia, Vida, Comida no Prato e Vacina no Braço". Nesse dia, as pessoas saíram de preto com um adesivo da pomba da paz nas cores branca, verde e amarela, simbolizando a luta pela democracia e pela vida no Brasil.

Os atos na cidade do Recife juntaram mais de 100 mil pessoas na região central da cidade e contaram com muita animação com dezenas de "bonecos de Olinda" satirizando Bolsonaro e sua família, ministros do governo e alguns pastores bolsonaristas famosos, além de artistas conhecidos por defender o governo. O ato também teve a participação de repentistas e bacamarteiros. Na Paraíba, em João Pessoa, mais de 50 mil pessoas se dirigiram à Praça da Independência, de onde saíram em passeata até o Ponto de Cem Réis. Na capital paraibana, chamou a atenção uma muriçoca gigante com a cara de Bolsonaro sendo guiado pelo coronavírus nas costas. Em Salvador, os protestos juntaram mais de 200 mil pessoas no Farol da Barra pedindo democracia, essas fizeram um boneco gigante com Lampião arrastando Bolsonaro pelos cabelos. Em porto Alegre, as pessoas começaram a se concentrar no Largo Glênio Peres ainda pela manhã. Por volta das 16 horas, a quantidade de pessoas presentes já indicava ser uma das maiores manifestações já realizadas na capital gaúcha. Nesse horário, a multidão de mais de 100 mil pessoas começou a marcha pelas principais ruas do centro da cidade, encerrando a caminhada com um ato no Largo Zumbi dos Palmares, onde ocorreram as falas das mais diversas lideranças presentes. Durante a caminhada, foram organizadas várias alas, a exemplo dos agricultores sem terras vítimas das balas de jagunços bolsonaristas, da ala Amazônia morta, com cartazes e painéis sobre a destruição da floresta e da ala genocídio indígena, representando os indígenas assassinados na luta em defesa da terra e da natureza. No Rio de Janeiro, a concentração para o ato começou por volta das 11 horas na Avenida Presidente Vargas, nas imediações do monumento em homenagem a Zumbi dos Palmares. Por volta das 14 horas, a massa seguiu em direção à Candelária, onde foi feito um ato político com as falas dos representantes de todos os segmentos que apoiavam o impeachment. Durante a marcha, que reuniu mais de 300 mil pessoas, uma das alas que mais chamava a atenção era a do BoiCovid, na qual umas três dezenas de pessoas fantasiadas de boi, mas com o rosto de personalidades que apoiavam o golpe bolsonarista, seguiam um cavalo montado por um BolsonaroCovid tocando o berrante.

Já na capital paulista, um milhão de pessoas participaram do protesto que teve início com uma concentração às 14 horas no vão livre do Museu de Arte de São Paulo (Masp). Às 16 horas, toda a avenida e todas as ruas adjacentes estavam tomadas pela massa. Em São Paulo, a ala "Família Btralha" foi a que mais chamou a atenção das pessoas. Nessa, mais de uma centena de pessoas caminhavam atrás de carros alegóricos simbolizando as mansões, as milícias e a corrupção na compra das vacinas. Por volta das 18 horas, falaram as lideranças e os artistas presentes, e o ato foi encerrado ao som da música "amanhã", de Guilherme Arantes. Os atos ocorreram pacificamente, exceto a manifestação de Brasília. Na Capital Federal, reuniram-se mais de 500 mil pessoas vindas de todos os cantos do país. A concentração começou por volta das 11 horas, nas proximidades da catedral. Às 14 horas, teve início a marcha em direção ao Congresso Nacional, onde a Câmara votaria a abertura do pedido de impeachment. Durante a marcha, nas proximidades do Ministério da Saúde, enquanto os manifestantes faziam discursos denunciando a corrupção do ministério, citando nominalmente os ministros e os secretários acusados, a Força Nacional interveio, ferindo dezenas de pessoas. Apesar disso, a marcha não parou e continuou enfrentando a repressão até chegar diante do Congresso Nacional, no exato momento em que os deputados abriam a sessão que votaria a abertura do processo de impeachment. Entretanto, enquanto começava a sessão da câmara, a repressão continuava. A cada instante, chegavam mais carros, cavalos e agora até helicópteros estavam sendo usados para jogar bombas de gás lacrimogêneo. Porém, de repente, tudo parou: policiais e cavalos foram embora, e os helicópteros não mais sobrevoavam sobre a massa. O que teria provocado tamanha calmaria?

O começo do fim. Será?

Nesse dia 26, em que mais de 5 milhões de pessoas saíram às ruas para, mais uma vez, tentar expulsar Bolsonaro do poder, ele reuniu o setor de segurança logo cedo (PF, ABIM, PM Distrital, Força Nacional), a fim de tratar da repressão dos atos que aconteceriam à tarde e em todo o país. Enquanto os presentes esperavam a ordem para reprimir em todas as capitais, o presidente disse que definiu, com os seus ministros estratégicos, que não deveria haver violência policial nessa data. Segundo o presidente, os *black blocs* podiam quebrar concessionárias, bancos, o que quisessem, mas que não haveria repressão nesse dia. Porém, fez uma ressalva, Brasília, onde a ordem foi a repressão total, tolerância zero.

Em seguida, o presidente se deslocou de helicóptero até o aeroporto, onde pegaria o avião para Curitiba. Porém, antes do embarque, o presidente ficou sabendo que alguns ministros de governo queriam renunciar, incluindo militares, além de ministros do STF ilegítimo. Ele pediu calma a todos e marcou uma reunião de emergência para o turno da noite, quando já estaria de volta da capital paranaense. Logo depois, entrou no avião presidencial com destino a Curitiba, onde deveria participar de um grande ato de apoio organizado pelo governador do estado, o qual contaria com a presença de oito governadores de estados e algumas centenas de prefeitos de todo o país. Além disso, Bolsonaro também participaria de uma importante solenidade militar na capital paranaense, onde promoveria mais de 100 oficiais do exército brasileiro. Assim, por volta das 11 horas, Bolsonaro chegou à "boca maldita", no centro de Curitiba, onde uma multidão de mais de 100 mil pessoas vindas em caravanas do Sul do país o aguardava. No final, o presidente discursou e, mais uma vez, afirmou que não seria um comunista, mesmo que fosse presidente dos Estados Unidos, que o tiraria do poder no Brasil. Encerrado o ato, ele foi almoçar com as demais autoridades presentes, quando foi homenageado. Estavam presentes oito governadores e 357 prefeitos, incluindo três de capitais e mais cinco de cidades acima de 300 mil habitantes. Esse era o tamanho institucional da extrema-direita nos cargos executivos no Brasil. Depois do almoço, o presidente partiu para a solenidade militar às 15 horas.

Exatamente às 15 horas, o presidente Bolsonaro chegou ao comando da 5ª Região Militar, sendo recebido pelo comandante que, com outros oficiais, acompanhou-o até o auditório onde ocorreria a solenidade. No seu discurso, Bolsonaro enalteceu o papel das forças armadas brasileiras na garantia das fronteiras, da paz e da ordem no Brasil; enfatizou o papel do exército no combate ao comunismo ontem e hoje e afirmou que era com muito orgulho que participava da solenidade de promoção do capitão Wolf para major Wolf, homem cuja tradição militar familiar mostrou desde cedo os riscos que o comunismo representa. Em seguida, o presidente sorriu e apertou a mão do major Jonas Wolf, dizendo que ele ainda seria general. Após a breve solenidade, todos caminharam na direção da sala onde seria servido um coquetel aos presentes. Durante esse percurso de menos de 50 metros pelos corredores do prédio, acompanhado pelos oficiais e pelo comandante da região militar, o presidente escutou alguém chamá-lo: "Presidente!!". Quando Bolsonaro se virou, ele sorriu para a pessoa e fez um gesto chamando-o para acompanhá-lo. De forma inesperada e surpreendendo a todos, o homem sacou uma pistola e deu dois tiros no presidente da República, sendo um no peito e outro na região do estômago. Imediatamente, os oficiais revidaram com três tiros que atingiram o major Wolf no tórax.

"Que tragédia", disseram os presentes. O que levou o major Wolf a tentar matar o presidente da República, pessoa de quem ele era extremamente admirador? Após 10 minutos, chegou um helicóptero do exército, que levou o presidente para o hospital das clínicas de Curitiba, o que ocorreu após os primeiros socorros prestados por oficiais médicos presentes. Por sua vez, o major Wolf agonizava enquanto a ambulância o transportava para o Hospital Geral de Curitiba, um hospital militar.

À noite, precisamente às 20 horas, foi comunicada a morte do major Wolf, levando consigo várias perguntas que ele não poderia mais responder. Quanto ao presidente, ele passou por uma primeira cirurgia para retirada das balas, perdeu muito sangue e estava inconsciente, na batalha pela vida na UTI. Essa noite seria decisiva para o futuro do paciente, que precisaria reagir bem a essa primeira cirurgia, para que, no dia seguinte, outros procedimentos pudessem ser adotados. Naquela mesma hora, em Brasília, a batalha na Câmara Federal continuou. Enquanto mais de 500 mil pessoas faziam pressão pelo impeachment do presidente Bolsonaro, os deputados federais inscritos se revezavam nas falas contra e a favor do presidente.

Nesse dia 26 de fevereiro, existiam menos de quatro milhões de pessoas vacinadas com a Dose 1. Em contrapartida, nessa data, o Brasil atingiu 23,1 milhões de casos e 613 mil óbitos pela covid-19, o que fez do país a maior usina de mortos pelo coronavírus no mundo. No Brasil, a distribuição da pandemia também atingiu, de forma mais dura, as populações mais vulneráveis. Pesquisas indicavam que 69% das vítimas fatais da pandemia tinham idade superior a 60 anos;[82] que a taxa de letalidade era maior entre negros e pessoas com menos escolaridade; e ainda que as cidades com menores Índices de Desenvolvimento Humano (IDH) apresentaram o menor percentual de altas médicas para os pacientes e o maior percentual de mortes quando comparadas a cidades com IDH alto ou muito alto.[83] Esses dados demonstraram que as condições socioeconômicas da população foram determinantes nas chances de sobrevivência e de morte diante da covid-19.

O que aconteceu para chegarmos a essa situação? Como um país que tem o SUS como modelo de saúde pública pode chegar a esse quadro? Na verdade, o governo brasileiro, comandado pela extrema-direita, na pessoa de Jair Bolsonaro, fez a escolha pelo negacionismo e adotou uma postura anticiência. O Brasil não adotou *lockdown* em nenhum momento da pandemia e, pior ainda, após um golpe no STF, acabou com as políticas de isolamento social adotadas pela maioria dos governos estaduais e flexibilizou o uso de máscaras em ambientes abertos. Para enfrentar a pandemia, o governo brasileiro adotou o tratamento precoce para prevenir a contaminação, negou-se a comprar vacinas, fazendo uma forte aposta na chamada imunização de rebanho, por contaminação.

Os defensores dessa estratégia defendiam que à medida que a população saudável fosse exposta ao vírus, mais pessoas seriam contaminadas e tratadas, e a quantidade de mortes seria mínima. Assim, na concepção bolsonarista, com o vírus se espalhando pelo

---

[82] CONHEÇA a faixa etária dos mortos por covid-19 no Brasil e em mais 4 países. **Poder 360**, Brasília, 9 jul. 2021. Disponível em: https://www.poder360.com.br/coronavirus/conheca-a-faixa -etaria-dos-mortos-por-covid-19-no-brasil -e-em-mais-4-paises-4/. Acesso em: 20 set. 2021.

[83] PERFIL de mortos mantém pobres e homens como maiores vítimas. **R7**, Brasília, 8 mar. 2021. Disponível em: https://noticias.r7.com/saude/perfil-de -mortos-man-tem-pobres-e-homens- como-maiores-vitimas-08032021. Acesso em: 21 set. 2021.

país, quem pegasse a doença ficaria imunizado e, desse modo, a tendência seria que após 70% da população ser contaminada pelo coronavírus, atingiríamos a chamada imunidade de rebanho, com a pandemia perdendo força a partir daí, mas, na prática, não foi isso o que aconteceu.

De fato, enquanto o vírus se espalhava e contaminava milhões de brasileiros, ele passava por inúmeras mutações, e as pessoas que estavam em atividade contraíam a doença e transmitiam para aquelas que ficaram em casa. Com isso, milhares de idosos, pessoas com comorbidades, e até mesmo pessoas que não sabiam ser portadoras de (comorbidades) diabetes, hipertensão e outras doenças crônicas, foram contaminadas pela covid-19 e vieram a óbito. Em outras palavras, na prática, o Brasil se tornou um celeiro para novas cepas do SARS-CoV-2, pois na medida em que encontrava caminho livre para se disseminar, o vírus se adaptava e assim iam surgindo novas variações que se espalhavam pelo mundo.

Dessa forma, o Brasil, que já foi o país do futebol, com a alegria do samba, do Carnaval, do São João nordestino de Campina Grande e Caruaru, do Boi Caprichoso e Garantido de Parintins, do frevo de Olinda e de Recife, dos carnavais com o Olodum e com os filhos de Gandhi na Bahia e do Rock in Rio, tornou-se um lugar dominado pela dor, pela tristeza e pela vergonha de ter um governo execrado em todo o mundo pelas suas crenças e posturas medievais. Porém, nesse dia 26 de fevereiro, tinha algo diferente no ar. Parecia que mais uma vez os brasileiros estavam prestes a transformar a dor em vitória. Justamente tudo aquilo que mais nos envergonhava e que nos fazia sofrer foi o combustível para a nossa batalha final. A corrupção generalizada, o desemprego, a fome, a miséria, o golpe, a falta de vacinas, a morte, a desesperança e o apoio do governo norte-americano para investigação de Bolsonaro por crimes contra a humanidade pelo tribunal de Haia impulsionaram mais de cinco milhões de brasileiros de todas as idades a saírem às ruas para apoiarem o impeachment do presidente.

Por seu turno, em Curitiba, um militar anticomunista, descendente de alemães, admirador do presidente Bolsonaro desde o início da campanha eleitoral, mas que nos últimos meses foi internado com covid-19 e perdeu os pais para a doença após tratamento com o kit covid, que vinha apresentando sinais que oscilava entre ansiedade e depressão, atirou contra o presidente da República. Que reflexão é possível fazer de tudo isso? O que levou um oficial do Exército Brasileiro com tamanha tradição e currículo a cometer tal ato? E agora com o presidente entre a vida e a morte, a Câmara dos Deputados conseguirá aprovar a abertura do pedido de impeachment? Será que o presidente Bolsonaro vai sobreviver a essa tentativa de assassinato? Será que o futuro do Brasil continuará como repetição do seu passado? Ou o Brasil sairá do coma para a vida?

REFERÊNCIAS

AGÊNCIA SENADO. Pacheco rejeita pedido de Bolsonaro por impeachment de Moraes. **Senado Notícias**, Brasília, 25 ago. 2021. Disponível em: https://www12.senado.leg.br/noticias/materias/2021/08/25/pacheco-rejeita-pedido-de-bolsonaro-por-impeachment-de-moraes. Acesso em: 27 ago. 2021.

ALCANTARA, B. Curitiba tem centro para "tratamento imediato" contra Covid. **Plural**, Curitiba, 24 mar. 2021. Disponível em: https://www.plural.jor.br/noticias/vizinhanca/curitiba-tera-centro-para-tratamento-imediato-contra-covid/. Acesso em: 25 ago. 2021.

APÓS OMS declarar pandemia, Bolsonaro volta a falar sobre coronavírus: "Outras gripes mataram mais do que essa". **Bem Estar**, Rio de Janeiro, 11 mar. 2020. Disponível em: https://g1.globo.com/bemestar/coronavirus/noticia/2020/03/11/apos-oms-declarar-pandemia-bolsonaro-volta-a-falar-sobre-coronavirus-outras-gripes-mataram-mais-do-que-essa.ghtml. Acesso em: 20 fev. 2021.

AULETE, C. **Dicionário da Língua Portuguesa**. Rio de Janeiro: Lexikon Editora Digital, [202-]. Disponível em: https://www.aulete.com.br. Acesso em: 29 abr. 2021.

BALZA, G. Exclusivo: Prevent Senior ocultou mortes em estudo sobre cloroquina, indicam documentos e áudios. **G1**, São Paulo, 16 set. 2021. Disponível em: https://g1.globo.com/sp/sao-paulo/noticia/2021/09/16/investigada-na-cpi- da-covid-prevent-senior-ocultou-mortes -em-estudo- -sobre-cloroquina-apoiado-por-bolsonaro.ghtml. Acesso em: 18 set. 2021.

BEHNKE, E. "A hora dele vai chegar", diz Bolsonaro sobre Alexandre de Moraes. **Poder 360**, Brasília, 5 ago. 2021. Disponível em: https://www.poder360.com.br/governo/a-hora-dele-vai-chegar -diz-bolsonaro-sobre- -alexandre -de-moraes/. Acesso em: 8 ago. 2021.

BIERNATH, A. O que é isolamento vertical (e por que essa não é uma boa ideia)? **Veja-Saúde**, São Paulo, 18 ago. 2020. Disponível em: https://saude.abril.com.br/medicina/o-que-e-isolamento-vertical/. Acesso em: 8 ago. 2021.

BOLSONARO volta a apoiar ato antidemocrático contra o STF e o Congresso, em Brasília. **Fantástico**, Rio de Janeiro, 3 maio 2020. Disponível em: https://g1.globo.com/fantastico/noticia/2020/05/03/bolsonaro-volta--a-apoiar-ato-antidemocratico- contra-o-stf-e-o-congresso-em- brasilia.ghtml. Acesso em: 2 maio 2021.

BOLSONARO volta a criticar isolamento social para combater expansão do coronavírus. **Jornal Nacional**, Rio de Janeiro, 23 mar. 2020. Disponível em: https://g1.globo.com/jornal-nacional/noticia/2020/03/25/bolsonaro-volta-a-criticar-isolamento-social-para-combater- expansao-do-coronavirus.ghtml. Acesso em: 3 mar. 2021.

BRASIL aparece entre os 10 países com mais mortes por Covid-19, mostra levantamento. **Bem Estar**, Rio de Janeiro, 27 abr. 2020. Disponível em: https://g1.globo.com/bemestar/coronavirus/noticia/2020/04/27/brasil-aparece-entre-os-10-paises-com-mais- mortes-por-covid-19-mostra-levantamento.ghtml. Acesso em: 30 mar. 2021.

BRASIL URGENTE. Ministro Mandetta orienta uso de máscaras de proteção. **Band/UOL**, São Paulo, 4 abr. 2020. Disponível em: https://www.band.uol.com.br/noticias/brasil-urgente/videos/ministro- mandetta--orienta-uso-de- mascaras-de-protecao-16782462. Acesso em: 27 fev. 2021.

CADEMARTORI, D. O que é o 300 do Brasil, acampamento de apoio a Bolsonaro chamado de milícia pelo MP. **GZH**, Política, Porto Alegre, 13 maio 2020. Disponível em: https://gauchazh.clicrbs.com.br/politica/noticia/2020/05/o-que-e-o-300-do-brasil -acampamento-de-apoio-a--bolsonaro -chamado-de-milicia-pelo-mp-cka64uws 500ub015ndkejl8ww.html. Acesso em: 3 maio 2021.

CALCAGNO, L.; TEÓFILO, S. Pazuello prometeu comprar CoronaVac com preço três vezes maior. **Correio Braziliense**, Brasília, 16 jul. 2021. Disponível em: https://www.correiobraziliense.com.br/politica/2021/07/

4938021-pazuello-prometeu- comprar-de-intermediarios-coronavac-com -preco-mais-elevado-veja-video.html. Acesso em: 20 ago. 2021.

CALCAGNO, L.; TEÓFILO, S. Contrariando Bolsonaro, Mandetta incentiva pessoas a ficarem em casa. **Correio Braziliense**, Brasília, 28 mar. 2020. Disponível em: https://www.correiobraziliense.com.br/app/noticia/brasil/2020/03/28/interna-brasil,840958/contrariando-bolsonaro -mandetta-incentiva -pessoas-a-ficarem-em-casa.shtml. Acesso em: 27 fev. 2021.

CANTERAS, C. Perfil de mortos mantém pobres e homens como maiores vítimas. **R7**, Brasília, 8 mar. 2021. Disponível em: https://noticias.r7.com/ saude/perfil-de-mortos -mantem-pobres-e-homens -como-maiores-vitimas-08032021. Acesso em: 21 set. 2021.

CELSO de Mello manda à PGR pedidos de apreensão de celular de Bolsonaro e Carlos. **Congresso em Foco**, Brasília, 22 maio 2020. Disponível em: https://congressoemfoco.uol.com.br/area/governo/celso-de-mellomanda-a-pgr-pedidos-de-apreensao-de-celular- de-bolsonaro-e-carlos/. Acesso em: 25 maio 2020.

CIDADES brasileiras têm atos pró-governo. **G1**, Rio de Janeiro, 15 mar. 2020. Disponível em: https://g1.globo.com/politica/noticia/2020/03/15/ cidades-brasileiras-tem-atos-pro-governo.ghtml. Acesso em: 25 fev. 2021.

CHAGAS, R.; SOUSA, H. de (ed.). Empresários obrigam trabalhadores a se ajoelharem em protesto contra quarentena na PB. **Brasil de Fato**, João Pessoa, 28 abr. 2020. Disponível em: https://www.brasildefato.com. br/2020/04/28/na-pb-empresarios- protestam-contra-quarentena-e-obrigam-trabalhadores-a- se-ajoelhar. Acesso em: 30 mar. 2021.

COM ARMA NA MÃO, Roberto Jefferson ameaça "comunistas" e manda Bolsonaro promover golpe de Estado. **O sul21**, Porto Alegre, 9 maio 2020. Disponível em: https://sul21.com.br/ultimas-noticiaspolitica/2020/05/ com-arma-na- mao-roberto-jefferson-ameaca -comunistas-e-manda-bolsonaro-promover-golpe-de-estado/. Acesso em: 8 ago. 2021.

CONFIRA as medidas do decreto do governo do RJ para conter o coronavírus. **G1**, Rio de janeiro, 17 mar. 2020. Disponível em: https://g1.globo.com/

rj/rio-de-janeiro/noticia/2020/03/17/confira -as-medidas-do-decreto-do--governo-do-rj-para- conter-o-coronavirus.ghtml. Acesso em: 25 fev. 2021.

CONHEÇA a faixa etária dos mortos por covid-19 no Brasil e em mais 4 países. **Poder 360**, Brasília, 9 jul. 2021. Disponível em: https://www. poder360.com.br/coronavirus/conheca-a-faixa -etaria-dos-mortos-por--covid-19-no-brasil- e-em-mais-4-paises-4/. Acesso em: 20 set. 2021.

COVID-19: Governo de PE anuncia fechamento de comércio e serviços não essenciais. **Diário de Pernambuco**, Recife, 20 mar. 2020. Disponível em: https://www.diariodepernambuco.com.br/noticia/brasil/2020/03/ covid-19-governo -de-pe-anuncia-fechamento-de- comercio-e-servicos--nao.html. Acesso em: 25 fev. 2021.

CRUZ, I. Como Bolsonaro atacou e atrasou a vacinação na pandemia. **NEXO Jornal**, São Paulo, 21 mar. 2021. Disponível em: https://www.nexojornal. com.br/expresso/2021/03/21/Como-Bolsonaro -atacou-e-atrasou-a-vacina%C3% A7%C3%A3o-na-pandemia. Acesso em: 13 ago. 2021.

DANTAS, C.; GRANDIN, F.; MANZANO, F. Bolsonaro repete que 70% pegarão coronavírus; cientistas estimam 1,8 milhão de mortes se isso ocorrer. **G1**, Bem Estar, Rio de Janeiro, 15 maio 2020. Disponível em: https://g1.globo. com/bemestar/coronavirus/noticia/2020/05/12/bolsonaro-repete-que -70percent-pegarao-coronavirus-cientista s-estimam-18-milhao-de-mor-tes- se-isso-ocorrer.ghtml. Acesso em: 3 mar. 2021.

EM PRONUNCIAMENTO, Bolsonaro defende uso da cloroquina para tratamento do coronavírus. **Jornal Nacional**, Rio de Janeiro, 8 abr. 2020. Disponível em: https://g1.globo.com/jornal-nacional/noticia/2020/04/08/ em-pronunciamento -bolsonaro-defende-uso-da-cloroquina -para-trata-mento-do-coronavirus.ghtml. Acesso em: 3 mar. 2021.

ESTADÃO CONTEÚDO. Datafolha: 22% dos brasileiros não querem tomar vacinar contra covid-19. **Exame**, São Paulo, 12 dez. 2020. Disponível em: https://exame.com/brasil/datafolha-22 -dos-brasileiros-nao-querem-to-mar-vacinar -contra-covid-19/. Acesso em: 13 ago. 2021.

EX-DEPUTADO Roberto Jefferson é preso após ordem judicial do ministro Alexandre de Moraes. **Gazeta do Povo**, Curitiba, 13 ago. 2021. Disponível em: https://www.gazetadopovo.com.br/republica/moraes-pede-a -prisao- -preventiva-do-ex-deputado- roberto-jefferson/. Acesso em: 5 set. 2021.

FACULDADE DE MEDICINA-UFMG. **Kit covid**: o que diz a ciência? Belo Horizonte, 29 mar. 2021. Disponível em: https://www.medicina.ufmg.br/ kit-covid-o-que-diz-a-ciencia/. Acesso em: 12 ago. 2021.

FAGUNDES, M.; ANGELO, T. Bolsonaro chama Barroso de "filho da puta"; depois, apaga vídeo. **Poder 360**, Brasília, 6 ago. 2021. Disponível em: https://www.poder360.com.br/governo/bolsonaro- chama-barroso-de-fi- lho-da-puta-depois -apaga-video/. Acesso em: 8 ago. 2021.

FARFAN, T. Governo muda protocolo e autoriza hidroxicloroquina para casos leves de Covid-19. **CNN Brasil**, Brasília, 20 maio 2020. Disponível em: https://www.cnnbrasil.com.br/saude/2020/05/20/governo-muda- -protocolo -e-autoriza-hidroxicloroquina- para-casos-leves-de-covid-19. Acesso em: 27 fev. 2021.

FARIAS, L. "Por mim, botava esses vagabundos todos na cadeia. Come- çando no STF", diz Abraham Weintraub em reunião ministerial. **Jornal do Comércio**, Recife, 22 maio 2020. Disponível em: https://jc.ne10.uol.com. br/politica/2020/05/5610163--por-mim --botava-esses-vagabundos-to- dos-na-cadeia --comecando-no-stf--diz- abraham-weintraub-em-reuniao- ministerial.html. Acesso em: 30 mar. 2021.

FERRARI, H. Teich defende isolamento e diz que covid-19 está em "franca ascendência". **Poder 360**, Brasília, 30 abr. 2020. Disponível em: https:// www.poder360.com.br/coronavirus/teich- defende-isolamento-e-diz-que- -covid-19-esta- em-franca-ascendencia/. Acesso em: 27 fev. 2021.

FERREIRA, A.; ALVES, P. Ibaneis decreta suspensão de aulas e eventos no DF por cinco dias devido ao coronavírus. **G1**, Brasília, 11 mar. 2020. Dis- ponível em: https://g1.globo.com/df/distrito-federal/noticia/2020/03/11/ ibaneis-afirma -que-vai-suspender-aulas- e-eventos-por-cinco-dias-por- -conta-do- coronavirus.ghtml. Acesso em: 20 fev. 2021.

FIGUEIREDO, D. P.; REZENDE NETO, R. Direito operacional militar: análise dos fundamentos jurídicos do emprego das Forças Armadas na garantia da lei e da ordem. **Revista Jus Navigandi**, Teresina, ano 25, n. 6.105, 19 mar. 2020. Disponível em: https://jus.com.br/artigos/79192/ direito-operacional-militar -analise-dos-fundamentos-juridicos-do -emprego-das-forcas-armadas-na-garantia -da-lei-e-da-ordem. Acesso em: 8 ago. 2021.

GOES, S. Bolsonaro pede ao Senado o impeachment do ministro Alexandre de Moraes, do STF. **ConJur**, Brasília, 20 ago. 2021. Disponível em: https://www.conjur.com.br/2021-ago-20/bolsonaro-senado-impeachment-alexandre-moraes. Acesso em: 25 ago. 2021.

GOMES, P. H. Brasil tem de deixar de ser "país de maricas" e enfrentar pandemia "de peito aberto", diz Bolsonaro. **G1**, Brasília, 10 nov. 2020. Disponível em: https://g1.globo.com/politica/noticia/2020/11/10/bolsonaro-diz-que-brasil- tem-de-deixar-de-ser-pais-de- maricas-e-enfrentar--pandemia-de-peito-aberto.ghtml. Acesso em: 3 mar. 2021.

GUSSEN, A. F. Laboratório do exército produziu 12 vezes mais cloroquina que o normal em 2020. **Carta Capital**, São Paulo, 2 jun. 2021. Disponível em: https://www.cartacapital.com.br/politica/laboratorio-exercito-producao-cloroquina-2020/. Acesso em: 2 jun. 2021.

HOLLAND, C; CALDAS, J. Governo de SC decreta situação de emergência por causa do coronavírus. **G1**, Florianópolis, 17 mar. 2020. Disponível em: https://g1.globo.com/sc/santa-catarina/noticia/2020/03/17/governo-de--sc- decreta-situacao-de-emergencia-por-causa -do-coronavirus.ghtml. Acesso em: 25 fev. 2021.

JUNQUEIRA, C.; MACHIDA, K. Após 29 dias no cargo, Nelson Teich pede demissão do Ministério da Saúde. **CNN Brasil**, Brasília, 15 maio 2020. Disponível em: https://www.cnnbrasil.com.br/politica/2020/05/15/nelson-teich- pede-demissao-do-ministerio- da-saude. Acesso em: 27 fev. 2021

KADANUS, K. Brasil vai mudar estratégia caso coronavírus seja declarado pandemia; entenda. **Gazeta do Povo**, Curitiba, 6 mar. 2020a. Disponível em: https://www.gazetadopovo.com.br/republica/coronavirus-pande-mia-oms/. Acesso em: 20 fev. 2021.

KADANUS, K. Celular do presidente da República deve ser inviolável, como sugere Bolsonaro? **Gazeta do Povo**, Curitiba, 13 jun. 2020b. Disponível em: https://www.gazetadopovo.com.br/republica/celular-presidente-te-lefone-inviolabilidade-bolsonaro/. Acesso em: 7 ago. 2021.

LAGO, C. Brasil poderá poupar até 485 mil vidas se optar por quarentena total. **CNN Brasil**, São Paulo, 29 mar. 2020. Disponível em: https://www.cnnbrasil.com.br/saude/2020/03/29/brasil-podera- poupar-ate-485-mil--vidas-se-optar-por- quarentena-total. Acesso em: 20 fev. 2021.

LIRA, L. Para Salles, governo deveria aproveitar atenção da imprensa no coronavírus para ir "passando a boiada" no Ministério do Meio Ambiente. **Jornal do Comércio**, Recife, 22 maio 2020. Disponível em: https://jc.ne10.uol.com.br/politica/2020/05/5610165-para-sales- governo-deveria-aproveitar-atencao -da-imprensa-no-coronavirus-para- ir--passando-a-boiada--no -ministerio-do-meio-ambiente.html. Acesso em: 30 mar. 2021.

LIDERADO por alvo do STF, grupo faz ato com tochas e máscaras contra Moraes. **UOL**, São Paulo, 31 maio 2020. Disponível em: https://noticias.uol.com.br/politica/ultimas-noticias/2020/05/31/grupo-300-protesto--supremo.htm. Acesso em: 3 maio 2021.

MAGRI, D. EUA entregaram ao Brasil detalhes que levaram PF a Salles por suspeita de contrabando de madeira ilegal. **El País**, São Paulo, 19 maio 2021. Disponível em: https://brasil.elpais.com/brasil/2021-05-20/eua-entregaram-ao-brasil-detalhes-que-levaram-pf-a-salles-por-suspeita--de-contrabando-de-madeira-ilegal.html. Acesso em: 20 ago. 2021.

MANIFESTANTES fazem ato pró-governo na Esplanada dos Ministérios, em Brasília. **G1**, Brasília, 15 mar. 2020. Disponível em: https://g1.globo.com/df/distrito-federal/noticia/2020/03/15/protesto-bloqueia-transito--na-esplanada-dos-ministerios-em-brasilia.ghtml. Acesso em: 25 fev. 2021.

MARTINS, I. G. S. Cabe às Forças Armadas moderar os conflitos entre os Poderes. **Consultor Jurídico**, São Paulo, 28 maio 2020. Disponível em:

https://www.conjur.com.br/2020-mai-28/ives-gandra-artigo-142-constituicao-brasileira. Acesso em: 7 ago. 2021.

MASSALLI, F. Fux decide cancelar reunião entre chefes dos Três Poderes. **Agência Brasil**, Brasília, 5 ago. 2021. Disponível em: https://agenciabrasil.ebc.com.br/justica/noticia/2021-08/fux-decide-cancelar-reuniao-entre--chefes-dos-tres-poderes. Acesso em: 6 ago. 2021.

MATOS, V.; BARBIÉRI, L. F.; MAZUI, G.; DAGOSTINO, R. Ex-juiz Sergio Moro anuncia demissão do Ministério da Justiça e deixa o governo Bolsonaro. **G1**, Rio de Janeiro, 24 abr. 2020. Disponível em: https://g1.globo.com/politica/noticia/2020/04/24/moro-anuncia-demissao -do-ministerio-da-justica-e-deixa-o- governo-bolsonaro.ghtml. Acesso em: 2 abr. 2021.

MELLIS, F. Mandetta orienta população a manter distanciamento social. **R7/Saúde**, Brasília, 30 mar. 2020. Disponível em: https://noticias.r7.com/saude/mandetta-orienta -populacao-a-manter-distanciamento -social-30032020. Acesso em: 27 fev. 2021.

MERCIER, D. Bolsonaro endossa ato pró-intervenção militar e provoca reação de Maia, STF e governadores. **El País**, São Paulo, 19 abr. 2020. Disponível em: https://brasil.elpais.com/politica/2020-04-19/bolsonaro--endossa -ato-pro-intervencao-militar-e-provoca-reacao-de-maia- stf-e--governadores.html. Acesso em: 29 abr. 2021.

MIAZZO, L. Moraes acolhe notícia-crime e inclui Bolsonaro no Inquérito das Fake News. **Carta Capital**, São Paulo, 4 ago. 2021. Disponível em: https://www.cartacapital.com.br/politica/moraes -acolhe-noticia-crime--e-inclui-bolsonaro-no- inquerito-das-fake-news/. Acesso em: 5 ago. 2021.

MINAS Gerais enfrenta coronavírus com medidas rápidas de combate à pandemia. **Agência Minas**, Belo Horizonte, 20 mar. 2020. Disponível em: https://www.agenciaminas.mg.gov.br/noticia/minas-gerais-enfrenta-coronavirus-com-medidas-rapidas-de-combate-a-pandemia. Acesso em: 25 fev. 2021.

NÃO recomenda? 6 vezes que Bolsonaro defendeu uso da cloroquina. **Correio Braziliense**, Brasília, 16 jul. 2020. Disponível em: https://www.

correiobraziliense.com.br/app/noticia/politica/2020/07/16/interna_politica,872688/nao- recomenda-6-vezes-que-bolsonaro-defendeu- uso-da-cloroquina.shtml. Acesso em: 5 fev. 2021.

NOMEADO por Bolsonaro diretor-geral da PF, Alexandre Ramagem está na corporação desde 2005 e é amigo da família do presidente; veja perfil. **G1**, Brasília, 28 abr. 2020. Disponível em: https://g1.globo.com/politica/noticia/2020/04/28/novo-diretor -geral-da-pf-alexandre-ramagem-esta-na-corporacao -desde-2005-e-e-amigo- da-familia-bolsonaro-veja-perfil.ghtml. Acesso em: 2 abr. 2021.

OLIVEIRA, R. STF suspende nomeação de Alexandre Ramagem para o comando da PF. **El País**, São Paulo, 29 abr. 2020. Disponível em: https://brasil.elpais.com/brasil/2020-04-29/stf-suspende -nomeacao-de-alexandre-ramagem-para-o- comando-da-pf.html. Acesso em: 2 abr. 2021.

PACIENTE deve entender riscos ao autorizar uso de cloroquina, diz Teich. **UOL**, São Paulo, 12 maio 2020. Disponível em: https://noticias.uol.com.br/saude/ultimas-noticias/redacao/2020/05/12/teich-cloroquina.html. Acesso em: 27 fev. 2021.

PARAÍBA. Governo da Paraíba. Notícias. **João Azevêdo decreta suspensão das aulas, de eventos de massa e liberação de servidores com mais de 60 para trabalhar em casa**. João Pessoa, 17 mar. 2020. Disponível em: https://paraiba.pb.gov.br/noticias/joao-azevedo- decreta-suspensao-das-aulas-de-eventos-de-massa-e-liberacao-de- servidores-com-mais-de-60-para-trabalhar-em-casa. Acesso em: 25 fev. 2021.

PARAÍBA. Governo da Paraíba. Notícias. **Coronavírus**: João Azevêdo decreta situação de emergência e cria Comitê Gestor de Crise. João Pessoa, 13 mar. 2020. Disponível em: https://paraiba.pb.gov.br/noticias/coronavirus-joao -azevedo-decreta-situacao-de-emergencia -e-cria-comite-gestor-de-crise. Acesso em: 25 fev. 2021.

PINHEIRO, C. "Medicamentos estão sendo usados irracionalmente", alerta farmacêutico. **VEJA-Saúde**, São Paulo, 24 mar. 2021. Disponível em: https://saude.abril.com.br/medicina/medicamentos-estao-sendo -usados-irracionalmente-alerta-farmaceutico/. Acesso em: 12 ago. 2021.

PERÍODO de isolamento começa a valer nesta terça em SP e outros estados. **Exame**, São Paulo, 17 mar. 2020. Disponível em: https://exame.com/brasil/periodo-de-isolamento -comeca-a-valer-nesta-terca -no-estado-de-sao--paulo/. Acesso em: 25 fev. 2021.

PFIZER diz que ofereceu proposta para Brasil comprar vacinas em agosto. **CNN Brasil**, São Paulo, 8 jan. 2021. Disponível em: https://www.cnnbrasil.com.br/saude/2021/01/08/pfizer- diz-que-ofereceu-proposta -para-brasil-comprar-vacinas- em-agosto. Acesso em: 12 ago. 2021.

PFIZER ressarciria o Brasil caso não cumprisse prazo de entrega, diz TV. **Poder 360**, Brasília, 14. jun. 2021. Disponível em: https://www.poder360.com.br/coronavirus/pfizer-ressarciria -o-brasil-caso-nao-cumprisse-prazo-de-entrega-diz-tv/. Acesso em: 12 ago. 2021.

PINHO, M. Guedes anuncia auxílio de R$ 200 mensais a trabalhadores informais. **R7**, Brasília, 18 mar. 2020. Disponível em: https://noticias.r7.com/brasil/guedes- anuncia-auxilio-de-r-200-mensais-a -trabalhadores-informais-18032020. Acesso em: 25 abr. 2021.

PLANALTO. **Pronunciamento do presidente da República, Jair Bolsonaro (24/03/2020)**. Brasília: YouTube, 24 mar. 2020. 1 vídeo (4 min.). Disponível em: https://www.youtube.com/watch?v=Vl_DYb-XaAE. Acesso em: 27 fev. 2021.

PORTAL STF. **Ministro assegura que estados, DF e municípios podem adotar medidas contra pandemia**. Brasília, 8 abr. 2020. Disponível em: https://portal.stf.jus.br/noticias/verNoticiaDetalhe.asp? idConteudo=441075&ori=1. Acesso em: 30 mar. 2021.

POR meio de decretos, governadores de todos os estados e do DF suspendem aulas presenciais nas IES. **Associação Brasileira de Mantenedoras de Ensino Superior** (ABMES), Brasília, 19 mar. 2020. Disponível em: https://abmes.org.br/noticias/detalhe/3680/por-meio-de-decretos -governadores-de-todos-os-estados-e-do-df-suspendem- aulas-presenciais-nas-ies. Acesso em: 20 fev. 2021.

REDE BRASIL ATUAL. **Bolsonaro volta a criticar isolamento social e enfrenta panelaço**. São Paulo, 31 mar. 2020. Disponível em: https://www. redebrasilatual.com.br/politica/2020/03/bolsonaro-volta-a- criticar-isolamento-social-e-enfrenta-panelaco/. Acesso em: 3 mar. 2021.

REUTERS. Anvisa não autoriza importação da vacina indiana Covaxin contra covid-19. **Exame**, São Paulo, 31 mar. 2021. Disponível em: https:// exame.com/brasil/anvisa-nao- autoriza-importacao-da-vacina- indiana- -covaxin-contra-covid-19/. Acesso em: 20 ago. 2021.

ROBERTO Jefferson fez vídeos empunhando armas e pedindo fechamento do STF. **UOL**, São Paulo, 13 ago. 2021. Disponível em: https://noticias.uol. com.br/politica/ultimas-noticias/2021/08/13/deputado-fez -videos-empunhando- armas-e-pedindo- fechamento-do-stf.htm. Acesso em: 5 set. 2021.

ROCHA, C. Remédios ineficazes do kit covid: o que a ciência diz de cada um. **Nexo Jornal**, São Paulo, 14 abr. 2021. Disponível em: https://www. nexojornal.com.br/expresso/2021/04/14/Rem%C3% A9dios-ineficazes- -do-kit-covid-o-que -a-ci%C3%AAncia-diz-de -cada-um. Acesso em: 12 ago. 2021.

SECRETARIA ESPECIAL DE COMUNICAÇÃO. Governo decreta quarentena em todos os municípios do Estado de São Paulo a partir da próxima terça-feira. **Cidade de São Paulo**, São Paulo, 21 mar. 2020. Disponível em: http://www.capital.sp.gov.br/noticia/governo-decreta-quarentena-em-todos-os-municipios-do- estado-de-sao-paulo-a-partir-da-proxima-terca-feira. Acesso em: 25 fev. 2021.

SCHREIBER, M. MPF acusa Pazuello de causar prejuízo de R$ 122 milhões à União por gestão na pandemia. **Terra**, Brasília, 2 jul. 2021. Disponível em: https://www.terra.com.br/noticias/brasil/politica/mpf-acusa-pazuello -de-causar-prejuizo-de-r-122-milhoes-a-uniao-por-gestao- na-pandemia,e-246be60c642352f1fae640236970bbaopjbc 530.html. Acesso em: 21 ago. 2021.

SCHUCH, M. Bolsonaro diz que "melhor vacina" contra a covid-19 é pegar a doença. **Valor-investe**, Brasília, 23 dez. 2020. Disponível em: https:// valorinveste.globo.com/mercados/brasil-e-politica/noticia/2020/12/23/

bolsonaro-diz-que-melhor-vacina-contra-a-covid-19-e-pegar-a-doenca. ghtml. Acesso em: 13 ago. 2021.

SOARES, I. Bolsonaro diz que isolamento social contra coronavírus foi "inútil". **Correio Braziliense**, Brasília, 30 abr. 2020. Disponível em: https:// www.correiobraziliense.com.br/app/noticia/politica/2020/04/30/interna_ politica,850258/bolsonaro-diz- que-isolamento-social-contra-coronavirus -foi-inutil.shtml. Acesso em: 3 mar. 2021.

SOUZA, T. Lista de e-mails da Pfizer ignorados pelo governo aumenta: são 101 tentativas. Correio Braziliense, Brasília, 18 jun. 2021. Disponível em: https://www.correiobraziliense.com.br/politica/2021/06/4932143-lista-de- -e-mails -da-pfizer-ignorados-pelo-governo- aumenta-sao-101-tentativas. html. Acesso em: 12 ago. 2021.

TAJRA, A. Todos nós vamos morrer um dia: veja falas de Bolsonaro sobre o coronavírus. **UOL**, São Paulo, 1 maio 2020. Disponível em: https://noticias. uol.com.br/saude/ultimas-noticias/redacao/2020/05/01/todos-nos-vamos -morrer-um-dia-as-frases-de-bolsonaro -durante-a-pandemia.htm. Acesso em: 3 mar. 2021.

TEICH defende ampliar isolamento em SP, RJ e Am e fala em até mil mortos/ dia. **Isto é Dinheiro**, São Paulo, 1 maio 2020. Disponível em: https://www. istoedinheiro.com.br/teich-defende- ampliar-isolamento-em-sp-rj-e-am- -e-fala -em-ate-mil-mortos-dia/. Acesso em: 27 fev. 2021.

TV BrasilGov. **Pronunciamento oficial do Presidente da República, Jair Bolsonaro**. Brasília: YouTube, 12 mar. 2020. 1 vídeo (2 min.). Disponível em: https://www.youtube.com/watch?v=bS2qiXHtMnI. Acesso em: 20 fev. 2021.

VALÉCIO, M. COVID-19: OMS encerra estudos com hidroxicloroquina. **ICTQ**, São Paulo, 3 jul. 2020. Disponível em: https://www.ictq.com.br/ politica-farmaceutica/1746-covid-19-oms-encerra-estudos-com-hidroxi- cloroquina. Acesso em: 5 fev. 2021.

VASCONCELLOS, C. E. Mudou o discurso? 10 vezes que Bolsonaro desde- nhou da vacina contra a Covid-19. **Último Segundo**, São Paulo, 10 mar. 2021.

Disponível em: https://ultimosegundo.ig.com.br/brasil/2021-03-10/mudou-o- discurso-10-vezes-que-bolsonaro-desdenhou -da-vacina-contra-a-covid-19.html. Acesso em: 13 ago. 2021.

VENAGLIA, G. Mandetta rejeita decreto para cloroquina e pede que médicos "convençam pares". **CNN Brasil/Saúde**, São Paulo, 6 abr. 2020. Disponível em: https://www.cnnbrasil.com.br/saude/2020/04/07/mandetta-rejeita-decreto-para-cloroquina-e-pede-que-medicos-convencam-pares. Acesso em: 27 fev. 2021.

VIEIRA, A. Decisão do STF sobre isolamento de estados e municípios repercute no Senado. **Senado Notícias**, Brasília, 16 abr. 2020. Disponível em: https://www12.senado.leg.br/noticias/materias/2020/04/16/decisao--do-stf-sobre -isolamento-de-estados-e-municipios- repercute-no-senado. Acesso em: 30 mar. 2020.